天下文化
BELIEVE IN READING

讓天賦自由

肯 ・羅賓森 Ken Robinson
盧 ・亞若尼卡 Lou Aronica——著

謝凱蒂——譯

The Element

How Finding Your Passion
Changes Everything

推薦序
你就是自己最偉大、最精采的作品

嚴長壽
公益平台文化基金會
台東均一實驗高中
宜蘭慈心華德福學校董事長

真的沒想到，這本《讓天賦自由》會這麼受到歡迎，上市至今，已突破了十多萬本，在書市這麼不景氣的當下，一本書能夠獲得這麼大的注意，應是作者肯・羅賓森爵士寫出我們對教育最普遍的心聲。

我不禁想到，為什麼一位英國學者反省教育的書，會引起這麼大的迴響？閱讀本書，首先我最感到意外的是，我一直以為，教育是台灣獨有的問題，看了這本書，才發現不論東西方、哪種文化背景，教育的改革早已是普世的價值，不獨台灣如此。可是，如果這些先進教育大國的學習方式，都有人提出這麼強烈的反省與批判，向來教育弊病叢生的台灣，不是更應該有改革的空間？

昨天，與今天，一個回顧，一個前瞻，一個是後照鏡，一個是探照燈。我不禁憂心一直重複過往僵化的教育，如何能夠引領台灣走向未來國際社會。於是，我帶著這本書，到處向政府人士建言，希望他們從中找到啟發，點燃一些革命的火種。但可惜的是，就我所能看見的未來，似乎仍然沒有人有辦法讓這艘迷航的大船，成功轉向。於是，我最終只好不得已親上火線，以一種「油煎火燎」的心情，提出我們教育應該不一樣的各種想法。

教育生產線

我深切的感受到，我們過去賴以為核心的教育方法根本是錯的，最後都化約成為「考試」。教育的英文是「education」，其最初是由拉丁文 educare 而來，「e」指的是「出」，而「ducare」意思是「引導」，合起來的意思便是「從裡面抽出」，也就是發展出人的天賦。

但這般宏旨，在我們現有的教育體制中，卻被限縮、化約為一連串的考試及分數。這也難怪肯．羅賓森在演講中不斷提出原本應讓發展天賦的教育機構，卻反過來極為諷刺地扼殺了人類最珍貴的創造力。

喜愛搖滾樂的朋友都知道平克．佛洛依德（Pink Floyd）樂團有一首很有名的歌叫做「Another Brick in the Wall」，在他們的MV中，有著如工廠般的學校坐著沙丁魚般死氣沉沉的學生，最後他們起身宛如僵屍行走，嘴裡唱著「We Don't Need No Education」，在生產線上踩著整齊的步代，最後跌入鐵斗，經過機器絞碎最後被製作成一條條香腸。

這是多麼怵目驚心的教育意象，然而這不正是我們現階段教育活生生的比喻。

我之所以如此大力推薦本書，也可以說是我以切身的經驗出發，不必多說，大家都知道，我是個連大學聯考都沒通過的人，因為考試（我指的是最主流的筆試）訴諸的是強記、強背的能力，偏偏這不是我的強項。然而，我後來進入職場，在漫長的人生道路上，獨自摸索，透過工作環境所能提供的條件，努力自我教育，走出文憑的框架，也找到自己最喜歡、最有熱情，且最擅長的工作。

於是我終於發現到，我們的考試考不出品德、責任心、榮譽感、領導力，以及最具關鍵的「無可救藥的使命感」。走出教室，有百分之八十的能力，是學校裡學不到的。但很多人卻誤解，學校教的就是一切，以為分數及文憑代表一個人全部的價值。我甚至遇到很多名校畢業的大學生，也許在校他們是明星，但相處共事之後，結果發現他們很固執、自以為是，原來他一直在一個備受保護的環境成長，成績好固然是優點，但也成為他們人生致命的缺陷。

台灣社會對於學業成績優異的孩子，總是給予過多的關注。每年，我們最關心教育的時刻，大概是各種升學考試放榜的那天，各大媒體以整版整版內容，報導誰是狀元？哪個科系最高分？哪個學校最厲害考上最多台大醫科？長久以來，都只以考試的成果，做為一種虛榮的指標，即使應以技術為本位的職業教育，也走到了另一種偏鋒，像我們的證照制度，立意原本是好的，結果卻讓弱勢更沒有機會翻身，因為現在的證照是「學術門檻很高，技術門檻很低」。也就是，紙上談兵凌駕了實作的基本技能，我們現在創造了很多虛幻的比賽，目的之一是為了讓學校升等，好製造更多學無專精的大學生。

但是，學生何嘗不是這個結構的受害者！教改的重點在家長，如果家長不改變想法，如何可以支持教育全面性的更新變化？

天命，有跡可尋

事實上，每個人天生都帶著一個只屬於他個人的天職，時隱時顯，變動不居，有人終其一生都未識其貌，有人幸運地經過一連串的追索最後得以找到自我。

相信讀過《讓天賦自由》這本書的朋友都會同意，少有人能像羅賓森這麼清楚明白界定出一個人找到他自己「天命」歸屬的狀態：「歸屬天命，有跡可循，最明顯的就是自由與踏實的感受。當你從事自己熱愛又擅長的工作，才可能覺得活出了真實的自我，成為你理想中的自己。你覺得自己做著天生該做的事，也成為你天生該成為的人，這就是歸屬於天命的狀態。」

這段話說得太精采了，我們都有一種積極樂觀的信念，相信人可以透過自我創新而重塑自己的命運，他在本書反覆提到一個重點：「找到你的熱情所在，一切都會改觀。」但最為關鍵的是，沒有人可以告訴你，這個獨一無二，能激發你熱情的「天命」會是什麼。答案，必須回到你的自身尋找。只能回到一個原點：你得傾聽你內心的聲音，回應你內心最深沉的呼喚，認識你自己，找到你的「天賦」，激發無與倫比的「熱情」自我實現。

因為在我心中，每個人最偉大、最精采的作品，就是你自己。

讓天賦自由　目錄

引言

生命的歸屬

他們的故事並非童話，
這些人都過著挑戰重重的生活。
他們的人生旅程並非輕鬆的坦途，
都同樣經歷過低潮與高潮，
他們沒有一個人擁有「完美」的生命，
卻經常在某些時刻體驗到近乎完美的境界。

幾年前，我聽到一個很棒的故事，之後也很喜歡轉述。有個小學老師正在給一群六歲的孩子上繪畫課，坐在教室後面的一個小女孩平常上課很少專心，在繪畫課上倒是相反。持續二十分鐘之久，小女孩定定坐著，雙手圈著畫紙，完全沉浸於自己的創作中。老師十分驚奇，最後，開口問小女孩在畫些什麼。她頭也沒抬就說：「我畫的是上帝。」老師聽了訝異地說：「可是沒人知道上帝的長相呀！」

小女生說：「等一下就知道了。」

我很喜歡這個故事，令人想起年幼時期在自己的想像世界裡，我們具有多麼奇妙的自信心，但多數人長大之後便遺失了這樣的自信。你如果問一年級的學生，誰覺得自己有創意，他們全都會舉起手來。而同樣的問題如果問的是大學高年級生，則多半的人都不會舉手。我全心相信每個人都具有無限潛能，這是我們與生俱來的能量，但年紀愈長，反而逐漸遠離了這些潛能。諷刺的是，「教育」正是主要原因之一。許多人因而不曾與自己的天賦接軌，因此也無從得知自己其實能創造多高的成就。

從這個層面看來，這些人並不認識自己。

不完美的人生，完美的體驗

我經常往返各處，與世界各地的人合作，對象包含教育機構、企業，以及非營利組織。在我所到之處，總能看到許多學生嘗試規劃未來，卻不知從何做起。我發現憂心的家長試圖幫助孩子，卻反而讓孩子更加遠離他們真正的天賦。這是因為家長有預設立場，認為孩子必須遵循傳統路線才能追求成功。我也發現許多雇主想盡辦法，希望了解員工有哪些多元的才幹，以便盡量善加利用。這一路走來，我看過不知多少人從未真正了解自己獨特的天賦與熱情所在。他們不喜歡目前的工作，卻也不知道做什麼才能帶來成就感。

另一方面，我也看到各種領域的成功人士，他們對工作懷抱熱情，也對自己的選擇毫無懷疑。我相信他們的故事都蘊藏了重要意涵，可以讓我們了解人類的潛能與自我實現究竟是怎麼一回事。我曾在全世界各種場合演講，發現這種故事的說服力最高，能夠讓人意識到必須從不同的角度去看待自己、人生、孩子的教育，以及各種組織的運作。

本書包含各式各樣的故事，分別描述了相去甚遠的個人是如何開展他們的創意人生。其中許多人特別為本書接受專訪，訴說他們最初如何認識到自己特出的天賦，又是如何因為做自己喜歡的事，而締造成功的生涯。特別吸引我注意的一個共通點，就是他們多半不曾遵循傳統道路，生涯中充滿曲折、轉彎，與意外。這些受訪者都表示，過去並不曾如此剖析訪談內容所揭露的理念與經驗：真正認識了自己的那一刻；揮灑天賦的過程；家人、朋友、老師給予的鼓勵或阻力；面對重重障礙時，還能堅持下去的憑藉。

他們的故事並非童話，這些人都過著挑戰重重的生活；他們的人生旅程並非輕鬆的坦途，都同樣經歷過低潮與高潮；他們沒有一個人擁有「完美」的生命，卻經常在某些時刻體驗到近乎完美的境界。他們的故事十分精采。

我們必須活出天命

不過，這本書的重點其實不是他們，而是你。

我書寫的目的是為了展現更豐富的人類才能與創造力，同時指出，我們若能與自身獨特的天賦與熱情接軌，將可帶來多大的正面意義。本書探討對生命具有重大意義的議題，針對的不只是我們的生命，還有我們的孩子、學生、工作伙伴的生命。**我採用「天命」二字，指稱「喜歡做的事」與「擅長做的事」能夠相互結合的境界**。我深信每個人都有必要找到自身的天命歸屬，不只因為那讓我們獲得成就感，更是為了讓人類社群與組織能夠在不斷演進的世界中永續發展。

當今的世界正以前所未見的速度變化著。面對未來，我們必須以破除舊習的態度，重新認識人類潛能，才有可能因應新時代的生存環境。我們必須重新理解開發人類天賦的重要性，並體認到每個人展現天賦的方式都可能不同。我們必須創造環境，包含學校、職場、政府，讓所有人都能獲得啟發，活出創意人生。我們必須確保每一個人都有機會發揮所長，以自己的方式發現天命所在。

本書讚頌人類才華與熱情之多元，令人目不暇給，讚頌人類成長茁壯與開拓生命的非凡潛力，同時也探討人類的天賦在什麼條件之下方得蓬勃發展，或因而逐漸消逝。我們該如何使當下的生命更豐富？面對無法預知的未來，如何以唯一可能的方式做好準備？

為了讓自己與他人發揮所長，我們急需對人類潛能建立更完善的概念，我們必須擁抱天命。

Chapter

01

找出天賦與熱情

所有人都身懷獨特的天賦與熱情，
能夠驅使我們創造超乎想像的成就。
一旦意識到這點，
一切都將因而改變。
你必須及早發現被你視為玩樂的工作，
絕對不要低估「及早領悟」的重要性，
平庸之人，將因此轉變為快樂鬥士。

吉莉安才八歲，前途已經出現危機。她的功課一塌糊塗，起碼在學校老師的眼中是如此。她老是遲交作業，筆跡潦草，考試成績也差。不僅如此，她還經常影響課堂的進行，不是動來動去發出噪音，就是猛盯著窗外看，老師得被迫暫停教課，把吉莉安的注意力拉回來，但她卻又開始干擾身邊的小朋友。吉莉安自己倒是一點也不在意，她早習慣被大人糾正，也絲毫不認為自己是問題兒童，但校方卻十分憂心。等到學校發函給家長的時候，事態才開始顯得嚴重。

學校認為吉莉安有某種學習障礙，也許比較適合轉往特殊教育學校。當時還是一九三〇年代，若是現在，吉莉安可能會被判斷患有「注意力不足過動症」（ＡＤＨＤ），讓她服用利他能（Ritalin）或其他治療過動症的藥物。不過在當時，尚未得知過動症是一種疾病，沒有現成的治療方式，患者也不知道可以用藥物協助治療。

吉莉安的父母收到學校信函，擔憂之際也立刻採取行動。媽媽幫吉莉安穿上漂亮衣服和鞋子，綁個馬尾辮子，然後懷著忐忑不安的心情帶她去讓心理醫師診斷。

必須舞動身體才能思考

吉莉安告訴我，記憶中，她被帶進一個橡木牆板的大房間，書架上排著皮革裝訂的書，站在大書桌旁邊的是一個身穿毛呢外套、相貌莊嚴的男子。他把吉莉安帶到房間另一端，請她坐在寬大的皮沙發上。吉莉安雙腳幾乎懸空，周遭環境讓她有些害怕。她擔心給人不好的印象，所以把雙手壓在身下坐著，免得自己亂動。

心理醫師走回書桌，大約花了二十分鐘詢問媽媽，了解吉莉安在學校的問題，以及學校認為她造成哪些困擾。醫生並非對著吉莉安發問，但一直都注意看著吉莉安，因此讓她感到極度不安與困惑。即便當時年紀還小，吉莉安也了解這個人對她的生命有重大的影響力。吉莉安知道「特殊教育」是什麼意思，她可不想沾上任何一點邊，而且她真的覺得自己沒有什麼問題。可是其他人似乎都認為她不對勁，聽著媽媽回答問題的方式，大概連媽媽都這麼想吧！

或許我真的有問題……，吉莉安這樣想著。

當醫生和媽媽終於談完，醫生從書桌邊起身，走向沙發，坐在小女孩身邊。

他說：「吉莉安，妳剛才都很乖，謝謝妳。不過妳還得再乖乖待一會兒，現在我要跟妳媽媽單獨講話，我們要出去幾分鐘。別擔心，我們很快就回來。」

吉莉安有些惶惑地點點頭，兩個大人便讓她獨自坐在那兒。醫生走出房間的時候，傾身把書桌後面的收音機打開。

他們一走到外面的走廊，醫生就對吉莉安的媽媽說：「請在這裡站一會兒，觀察她做些什麼。」那兒有扇窗可以看進房間，但吉莉安看不到他們這一邊。幾乎就在同時，吉莉安已經起身，隨著音樂在房間四處遊走。兩個大人靜靜站著觀察了幾分鐘，小女孩的優雅身段讓他們屏氣凝神。任何人都看得出來，吉莉安的動作具有某種渾然天成、甚至可說是原始的成分，而她臉上那樣純然愉悅的神情也再明顯不過。

最後，醫生轉頭對媽媽說：「妳知道了吧？林恩太太，**吉莉安沒有病，她只是有跳舞的天分**，帶她去上舞蹈課吧！」

我問吉莉安後來的發展如何。她說媽媽完全按照醫生的建議去做了，她告訴我：「我無法形容那有多棒，我走進那間教室，裡面滿滿都是跟我一樣的人，坐不住、必須舞動身體才能思考。」

她開始每週上舞蹈課，每天在家裡練舞。後來，到倫敦的皇家芭蕾學校考試，獲得入學許可。接著進入皇家芭蕾舞團，晉升為獨舞者，到世界各地巡迴表演。這個階段的生涯告一段落之後，她又成立自己的音樂劇場，製作一系列成功的表演，在倫敦與紐約上演。最後，她結識了韋伯（Andrew Lloyd Webber），並和他合力創造了幾齣史上最成功的音樂劇，包括「貓」與「歌劇魅影」。

前途曾經充滿危機的小女孩吉莉安，最後成為享譽全球的吉莉安・林恩（Gillian Lynne）。她是極負盛名的當代編舞家，曾為無數人帶來歡樂，也為自己累積了財富。這都是因為某個人看進了她的心靈深處，某個人曾經見過跟她一樣的孩子，並且懂得解讀其中的意義。如果換成其他人，或許會讓她吃藥，要求她不要亂動。但吉莉安根本不是問題兒童，也不需要轉到特殊教育學校。

她只是需要展現真正的自我。

一輩子都要畫漫畫

麥特跟吉莉安有所不同。他在學校向來表現良好，平時成績可圈可點，也都能通過重要考試。問題是，他實在沉悶無聊到了極點。為了娛樂自己，他開始在課堂上畫畫。他告訴我說：「我不停地畫，而且愈來愈厲害，即使不看畫紙也能畫，好讓老師以為我有專心上課。」對他而言，美術課就是盡情揮灑繪畫熱情的機會。「我們在著色本上面著色。我當時想，我沒辦法在線條之內著色，我不要，我無法忍受這種限制！」等到他進了高中，事情突地進展到另一個層次：

我們有美術課，同學都呆呆坐著，老師也很無聊，畫具也只是晾在那兒，沒有人去用。所以我就使盡全力畫畫，一堂課畫三十張作品，畫完再一一觀賞，看看像什麼，然後加上標題。〈海草中的海豚〉，好，下一張！我記得自己畫了數不清的作品，最後他們發現我用掉太多畫紙，還出面制止我。

這種無中生有的創作讓人相當興奮，隨著技巧逐漸提升，我很高興可以跟自己說：「嗯！這看起來……有一點……像它應該有的模樣……」但我逐漸發現，繪畫技巧進步的速度開始降低了，所以我把注意力轉而放在情節和笑料上面，我想這樣比較有趣。

麥特．葛洛寧（Matt Groening）就是全球知名卡通「辛普森家庭」的原創人。他從其他畫家的作品中獲得真實的啟發，這些人不見得精通繪畫技術，卻善於將獨特的個人藝術風格與天馬行空的情節融合在一起：

我得到很大的鼓勵，因為我看到畫不好的人卻以此維生，例如詹姆司．桑伯（James Thurber）。給我重要啟發的還有約翰．藍儂。在他的書《藍儂說法》（*In His Own Write*）和《害群之西班牙馬》（*A Spaniard in the Works*）裡，都充滿了他樸拙的圖畫，並配上了幽默的文字和瘋狂的故事。有一段時間我都在模仿藍儂。此外，勞伯·柯倫（Robert Crumb，美國著名的地下漫畫大師）也對我有很大的影響。

麥特的老師與父母都鼓勵他做其他的生涯規畫，建議他上大學，找個更實在的工作，即便是他身為漫畫家與製片人的父親也是如此。事實上，直到他進入大學（那是一所既不給成績單、也沒有必修課的非傳統學府），僅僅只有一位老師曾經對他有所啟發：

一年級的老師保存了我在課堂上的畫作，她真的保存了好多年。我很感動，你知道，學生人數如此之多。她的名字是伊莉莎白·胡佛，「辛普森家庭」裡的一個角色就是以她命名。

雖然長輩不認同，他卻不氣餒，因為麥特心中十分清楚自己的創造力與熱情所在。

小時候一邊玩耍，一邊用恐龍之類的小公仔編故事，那時我就知道自己一輩子都要做這個。我看到大人提著公事包走進辦公大樓，心裡就想：「我沒辦法像他們那樣，我想做的就只有這個。」我身邊的小孩原本都有一樣的想法，長大後卻逐漸改頭換面，嚴肅了起來。至於我呢，我活著就只為了玩耍和說故事。

我知道什麼叫做正途，上高中、上大學、拿到證書，然後出社會找個好工作。我也知道這對我來說行不通，我一輩子都要畫漫畫。

我在學校找到志同道合的朋友，經常混在一起，也把漫畫作品帶到學校，彼此交換欣賞。隨著年紀漸長，我們野心也變大，開始做電影。真的很棒！這也有一部分是補償作用，因為我們不善於人際社交。我們週末不是待在家裡，而是出門做電影。星期五晚上也不看足球賽，而是去附近的大學看非主流電影。

我下定決心要靠幽默為生。不過，當時並不認為這樣行得通，以為我會做個爛工作、討人厭的差事。在想像的畫面中，我在輪胎批發店工作，不知道當時為什麼覺得是輪胎批發，但我就是看到自己滾著輪胎到處走，到了休息時間才畫漫畫。

事情的實際發展與他的想像相去甚遠。麥特移居洛杉磯，終究有機會在《洛杉磯週報》發表連環漫畫《地獄生活》（*Life in Hell*），並開始闖出名號。他因而獲得福斯電視網的委託，請他在綜藝節目「崔希烏曼秀」（*The Tracey Ullman Show*）中創作卡通短片。他向福斯自我推銷的時候，當場捏造出「辛普森家庭」。誰也不相信，他在走進福斯之前，根本完全沒概念。「辛普森家庭」發展成半小時的節目，每週日在福斯電視網播映。直到本書出版之際，已持續十九年之久，還衍生出電影版、漫畫書、玩具，以及不計其數的相關商品。也就是說，「辛普森家庭」已自成一個流行文化帝國。

當初麥特如果聽話，去找個「正經」工作，這一切就不可能發生了。

然而，也並非所有功成名就的人都討厭學校，或是在課業上吃癟。保羅的成績就十分優異。當他還是個高中生時，有一天，他初次踏入芝加哥大學的演講廳。那一刻，他並不知道這所大學是以經濟學聞名天下的頂尖學府，只知道離家很近。幾分鐘之後，他宛如「重生」——這是他本人在一篇文章裡的用語。「那天的演講主題是馬爾薩斯人口論（Malthus's theory）：人類將如兔子一般快速繁殖，直到每英畝土地的人口密度之高，迫使薪資水準降低到僅供餬口，因而使死亡率等同於生育率。我不費吹灰之力就能了解這些簡單的微分方程式，還因而錯以為我沒能發現這背後藏著什麼複雜難懂的概念。」

就在那一刻，保羅．賽繆爾森（Paul Samuelson）博士的經濟學家生涯於焉開展，而且被他自己形容為「純粹是為了好玩」。他曾是麻省理工學院教授與「國際經濟協會」（International Economic Association）會長，數度出版著作，包含史上最暢銷的經濟學課本，也發表過數百篇論文。他對公共政策影響至鉅，並於一九七〇年成為首位獲頒諾貝爾經濟學獎的美國人。

我從小就十分早熟，那時就很擅長做邏輯運算和智力測驗的題目。若說經濟學是為了我而存在，也可以說我是為經濟學而存在。你必須及早發現被你視為玩樂的工作，絕對不要低估「及早領悟」的重要性，平庸之人，將因此轉變為快樂鬥士。

三個故事、一個啟示

吉莉安・林恩、麥特・葛洛寧、保羅・賽繆爾森彼此相去甚遠，生命故事也各不相同，唯一的共同點就是傳達了一個重要意涵：他們之所以獲得崇高成就與自我實現，正是因為找到了與生俱來的天賦，並因而點燃體內的熱情。我把這些故事稱為「頓悟」的故事，因為故事主人翁都獲得某種程度的啟發，成為生命的分水嶺。因為頓悟，他們的生命從此徹底改變，被賦予的方向與目的，也因而出現前所未見的突飛猛進。

不論是他們，或是你接下來在書中還會認識的人，都曾找到自身的強項，發現自己的「天命」——你喜歡的事和擅長的事結合為一。**天命為人類潛能賦予不同定義，在每個人身**

上也以不同的樣貌展現，但天命的組成元素卻是共通的。

吉莉安、麥特、保羅的成就確實非凡，但同樣有能力成功的人並不少。他們之所以特別，是因為找到衷心喜歡做的事，並實際去做了。也就是說，他們發現了自己的天命。就我的經驗而言，多數人都不曾找到天命。

尋得天命，對個人福祉、最終的生命成就，甚至對人類組織的健全、教育系統的效力，都具有重大影響。

我深信，如果每個人都能尋得天命，將可締造更高的成就與自我實現。**我並非意指每個人都能成為舞蹈家、漫畫家，或是諾貝爾獎得主，而是所有人都身懷獨特的天賦與熱情，能夠驅使我們創造超乎想像的成就。**一旦意識到這點，一切都將因而改變。面對充滿變數的未來，若想創造名副其實、可長可久的成就，這或許是我們所能秉持的最大希望，甚至是唯一的希望。

是否能擁抱天命，取決於你能否發現自己的特殊才能與熱情所在。多數人之所以依然尋尋覓覓，最重要的因素，就是不了解自己天生能力的傾向。而造成這個事實的原因有好幾個。

第一個限制因素是，我們並不了解人類才能的廣度。人類都有與生俱來的豐富想像力、智力、情感、直覺、靈性，以及肉體與精神的知覺。一般人只使用了上述能力的一小部分，甚至完全沒有機會發揮。許多人沒能找到天命，就是因為不了解自身蘊藏的力量。

第二個限制因素是，我們不了解人類的各種能力乃是彼此相關，也就是「全人」的概念。人們都以為心靈、身體、情感、人際關係等，是各自獨立運作的系統。許多人沒能找到天命，就是因為不了解自己其實身為「全人」的本質。

第三個限制因素是，我們不了解人類擁有多少成長與改變的潛力。一般人都以為生命是線性發展，能力會隨著年歲增長而衰退，錯失的機會也永遠不會再出現。許多人沒能找到天命，就是因為不了解自己的潛能可能復活。

對自身能力的視野狹隘，又因為同儕團體、文化環境、自我期許等因素，而使問題更加複雜。然而，每個人必定都深受影響的一大因素就是——教育。

忽視天賦的學校教育

許多我見過最聰明、最富創造力的人，在學校的表現不見得優異。他們不知道自己真正能做的事，也不了解真正的自我，直到他們脫離學校，從所受的教育中「恢復原狀」。

我出生在英國利物浦，一九六〇年代就讀於當地的利物浦學院，市區的另一端還有利物浦專科學校，其中一位學生就是保羅．麥卡尼（Paul McCartney）。

麥卡尼在校期間多半處於遊手好閒的狀態。回家不好好讀書，課餘時間幾乎全用來聽搖滾樂、學彈吉他。事後證實，這對他是個明智的選擇，在他參加市內某次學校園遊會而結識藍儂之後，更是如此。他們彼此欣賞，最後決定與喬治．哈里遜（George Harrison）、林哥．史達（Ringo Starr）組團，命名為「披頭四」。這可真是個好主意！

一九八〇年代中期，利物浦學院與利物浦專科學校均已關閉，校內建築成了閒置的空屋。但後來也都分別重新啟用。開發商將我的母校改建為豪宅，這是相當大的轉變，我還在學的時候，那兒可與奢華一點也沾不上邊。利物浦專科學校現在已經改為利物浦表演藝術學院，如今在歐洲屬於表演藝術訓練的頂尖機構。這個學校的最主要贊助人就是麥卡尼，他讓當年那些老舊蒙塵的教室，如今坐滿了來自世界各地的學生。他們做的都是麥卡尼當年的夢想：創作音樂，或學習各種形式的舞台表演。

利物浦表演藝術學院草創時期，我也曾參與其中，因而在十週年校慶時，學校董事決定頒贈「親善人士獎」給我。我回到利物浦，在畢業典禮上接受麥卡尼爵士頒獎，並對畢業生發表演說。我當時就提出了本書的理念：每個人都必須找到自己的熱情與天賦，但學校通常無法在這方面幫上忙。事實上，經常是幫倒忙。

麥卡尼爵士當天也上台致詞，並直接回應了我的發言。他表示自己一向熱愛音樂，卻不喜歡學校的音樂課。老師們以為，只要讓孩子聽一些發出雜音的古典名曲唱片，就是在傳授音樂賞析。他認為這就跟學校裡其他事物一樣無聊。

他告訴我，在整個求學期間，自始至終都沒有任何人注意到他有一絲絲音樂天分。他曾經想加入利物浦教堂唱詩班，卻遭到拒絕。他們說他的歌喉不夠好。真的嗎？這個唱詩班的水準有多高？唱詩班的水準可以多高？出乎意料的是，他們當年拒絕了年輕的保羅．麥卡尼，後來卻演唱了兩首麥卡尼的經典名曲。

天賦遭到學校忽略的，並不只麥卡尼一個。貓王也曾被學校的合唱團拒絕，指稱他的聲音會破壞大家的和聲。如同利物浦教堂一樣，這個合唱團這麼做是為了維持水準。但大家也都明白，他們成功阻止貓王加入之後，又締造了多崇高的成就呢？

數年前，我與英國喜劇團體「蒙地蟒蛇集團」（Monty Python）的成員約翰．克里斯（John Cleese）討論創造力，也請他談談受教育的經驗。他在校表現優異，但喜劇當時顯然不是他的強項。他說，從幼稚園到進入劍橋大學，沒有任何老師曾注意到他身上有一丁點喜感。然而，後來他正是以喜感贏得廣大認同。

教育出了什麼問題？

這些故事若都是單獨個案，自然沒有必要在此描述。但事實並非如此，好幾位即將在書中出現的人物，過去在校成績都不理想，也不愛上學。當然，在校表現良好，並認可教育體系貢獻的，也大有人在。但許多人在畢業或輟學之後，依然不了解自己真正的天賦，也無法決定未來的方向。太多人認為自己擅長的領域無法獲得學校重視，也有太多人認為自己一無所長。

我的工作幾乎直接或間接與教育相關，我不認為上述現象是某位個別教師的過錯。雖然某些老師可能根本不該從事教職，甚至最好遠離稚嫩的孩子；但也確實有很多好老師，以及不少偉大的老師。

許多人記憶中都曾經有幾位意義特殊的老師，給我們啟發，改變我們的生命。這些老師與眾不同，能夠觸及我們的心靈，但並不一定符合學校教育的基本文化與態度。教育界的文化隱藏了嚴重問題，卻不曾進行有意義的改革，某些體制甚至每況愈下。這幾乎是全球共通的現象。

舉家從英國移居美國之後，我的一雙兒女詹姆斯與凱特就在洛杉磯的高中上學。這裡的教育系統在許多方面與我們熟悉的英國相去甚遠。孩子得修習從未上過的科目，例如：美國史。在英國，我們其實不太傳授美國史……，我們打壓美國史，做法是拿塊布把這段難堪的過去整個蓋住。就在美國獨立紀念日即將到來的前四天，我們抵達美國，剛好趕上舉國大肆慶祝趕跑英國人的日子。現在我們已經定居幾年，也學到一些經驗，所以在獨立紀念日當天，通常都關在家裡、拉上窗簾，然後拿出英國女皇的老照片一張一張瞻仰。

儘管如此，美國教育系統其實跟英國或多數國家都十分相似，特別是以下三個傾向。

第一是偏重特定學科能力。我了解學科能力的重要性，但教育系統通常偏重嚴謹分析與推理，特別是語文、數字方面的能力。這些雖然重要，但人類才智卻有更遼闊的範圍，本書第二章將更深入討論。

第二個傾向是科目階級制度。位於頂端的是數學、科學、語文，中間是人文科學，底部則是術科。術科本身也有階級，音樂與視覺藝術的地位通常高於劇場或舞蹈。事實上，愈來愈多的學校把術科完全排除在課程之外。一所大型高中可能只有一位美術老師，甚至連小學生也沒有幾堂課可以讓他們畫畫。

第三個傾向是愈來愈依賴特定種類的評量方式。各地學童因而承受沉重壓力，必須在為數不多的幾種制式測驗中，不斷追求更高的分數。

教育系統何以至此？其中牽涉到文化與歷史因素，留待後續章節再詳細探討，屆時我將評析教育體系該如何轉型。此處討論的重點在於，多數公眾教育系統都是近代才開始建立的，大約是十八、十九世紀，為了因應當時的經濟需求而設立。歐美工業革命主導著那個時代，而工業經濟體需要的正是數學、科學、語文能力。另一個影響教育體系的主要因素則是大學的學術文化，只要是關於心靈、身體、感官，甚至腦部的任何活動，都遭到這個學術文化的排擠。

其後果就是，教育系統灌輸給學生非常狹隘的「智力」與「能力」，同時，又高估了特定的資質與才能。因此造成學校漠視其他能力的重要性，也忽略了這些能力對於維繫個人與社群生命的影響力。在這種階級導向、一體適用的教育方式之下，天性不適合這種學習方式的人，便逐漸遭到邊緣化。

世界各地的教育體系或學校，鮮少讓舞蹈的地位跟數學一樣，正式列為每日課程的一部分。然而我們知道，許多學生只有在身體活動的時候，才能夠專注。吉莉安就告訴我，她開始跳舞之後，「所有」的學科都跟著進步了，她就是屬於「必須舞動身體才能思考」的族群。很可惜，多數學童的生命中，並沒有一個像吉莉安的心理醫師這樣的人，尤其是現在這個時代。如果孩子過於躁動，大人就會餵他吃藥，然後叫他不要亂動。

目前的教育系統也嚴格限制了師生的教學與學習方式。學科能力非常重要，但其他的思考方式也同樣重要。有些以視覺思考的人，可能因為老師僅以單一、非視覺的方式授課，而永遠沒機會發現自己其實對某些特別科目或範疇深具興趣。然而，我們的教育系統大多鼓勵教師採取制式化的教學方式。所以，為了了解書中這些「頓悟的故事」背後的意涵，並且真正獲得頓悟，我們必須重新思考「智力」的定義。

讓創意冒出頭

二十一世紀的年輕人面對著競爭逐漸激烈的環境，最重要的能力之一就是創意思考，但上述教育方式卻只會澆熄學生的創意。我們的教育系統非常注重標準答案，例如，美國的〈有教無類法案〉（No Child Left Behind）要求公立學校必須符合聯邦政府明文規定的標準，堅持全國學生都須嚴格遵循同樣的標準。法案目的是提升學校教學成效，卻因而更加強調一致性與標準答案。

所有學童最初踏入學校的時候，都擁有如火花般四射的想像力與肥沃的心靈淨土，在思想上也富含冒險精神。我兒子四歲的時候，幼稚園製作一齣耶穌誕生的演出，其中一幕可愛的畫面是三個男孩上台扮演東方三博士，他們帶著三樣獻禮，依序是黃金、乳香（frankincense，發音類似「法蘭克送是」）、沒藥。二號男孩有點緊張，沒有按劇本順序唸台詞，所以三號男孩得隨機應變。但是他沒有背過這句台詞，而且他才四歲，排演的時候似乎也沒有太專心。一號男孩說：「我送給你黃金。」二號男孩卻說：「我送給你沒藥。」

三號男孩於是說：「這是法蘭克送的。」

誰是法蘭克？第十三個使徒？失傳的《法蘭克之書》（*Book of Frank*）？

我很喜歡這個故事，你可以看出孩子年幼的時候，並不太在意出錯。萬一碰到不知所措的狀況，就放手一搏，看看結果如何。**我並非認為犯錯等於創意，有時候犯錯就是犯錯。但這故事告訴我們一個真理，你若沒有出錯的準備，原創性就無從出頭。**

某些決策者認為必須以「回歸基礎」來提升教育水準，其實這樣的觀念是錯誤的。他們以為「回歸基礎」就是重建工業革命時代的科目階級制度，也似乎認為讓孩子接受一套全國一致的閱讀、寫作、算術知識，就可以提升他們的全球競爭力，為未來做好準備。

這種想法的致命錯誤，在於嚴重低估了人類的才能。我們過度強調制式測驗的重要性，刪減所謂「無關緊要」的課程預算，然後還弄不懂為什麼孩子缺乏想像力與創意。當代教育體系就是這麼有組織、有計畫地扼殺了孩子的創造力。

多數學生從不曾盡情探索自己的能力與興趣。這些學生的頭腦以不同的方式運作著（這種學生並非少數，甚至屬於多數），他們總覺得自己與整體教育文化格格不入。正因如此，我們才看到為數不少的成功人士，過去在校表現都不甚良好。教育系統本應為我們開發天生才能，讓我們在世上生存發展。然而事實並非如此，甚至，還扼殺太多學生的個人天賦與能力，澆熄他們的學習熱情。這其中存在著極大的諷刺。

各國教育系統之所以朝此方向發展，是因為政治人物似乎認為這樣有利於經濟發展與國家競爭力，也能幫助學生就業。事實上，教育系統被迫去壓抑的特質（卻是本書極力推崇的），正決定了你能否在二十一世紀獲得工作機會與競爭力的重要關鍵。全球各地的企業都表示，需要有創意、能獨立思考的員工，但其實企業或工作都不是重點，重要的是不論我們做什麼，蘊含其中的人生目的與意義才是我們所追求的。

「回歸基礎」的理念本身並無錯誤，我也相信孩子需要回歸基礎。但是，若真要做到這一點，我們必須追根溯源，重新思考人類潛能的概念，以及當代教育的根本目的。

蒸汽發動機曾經一度叱吒風雲，因為它力量大、效率高，整體效益也遠高於先前的推進系統。最終卻也不再能滿足人類需求，由內燃發動機開啟了新時代。目前的教育系統就好似蒸汽發動機，而且，蒸汽耗盡的速度更加快速。

老舊思維所造成的問題，並未隨著我們離開校園而結束。教育系統的特質被複製到社會上的機構與公司組織，惡性循環如是繼續。職場上的人都了解，你很容易就在職業生涯的初期被「定型」。一旦被定型，幾乎就再也無法發揮其他的天賦（可能是真正的）了。業界給你的定位若是財務人員，你就很難在創意相關領域找到工作。我們若能從自己與身邊的環境做起，開始從不同的角度思考與行動，就能扭轉上述問題。事實上，這就是我們的重要使命。

變革的步調

今年入學的孩子，大約在二〇七〇年退休。沒有人能預知十年之後的世界局勢，更遑論二〇七〇年。變革背後的兩大推力是：技術發展與人口狀況。

技術（特別是數位技術）的發展速度，已經超越多數人的理解範圍，也形成了某些專家口中「搖滾時代以來最大的代溝」。三十歲以上的人出生於數位革命尚未開始之前，成人之後才開始學習數位技術的運用，例如：筆記型電腦、相機、ＰＤＡ、網際網路。就好比學習外語，多數人學得還可以，某些人甚至是專家。我們收發電郵、使用PowerPoint、上網，感覺自己就站在時代尖端。但是，相較於三十歲，甚至二十歲以下的人，我們只算是拙劣的外行。年輕世代出生於數位革命的時代，數位語言就是他們的母語。

我兒子詹姆斯做學校功課的時候，電腦上同時開五、六個視窗，即時通的視窗不斷閃動，手機響不停，同時還一邊下載音樂、一邊回頭看電視。我不知道他到底是不是在做功課，但在我眼中，他就像統治著一個帝國，所以我也不太在意。

但年幼的孩子又在更先進的技術中成長，他們的表現已經超越了青少年。這樣的變革尚未結束，事實上，才剛剛開始呢！

某些人認為，筆記型電腦在不久之後就能與人腦的計算能力匹敵。有一天，你對電腦下指令，電腦卻向你提出質疑。你會作何感想？不久之後，我們就有可能看到資訊系統與人類意識的結合。請你想想過去二十年之間，相對簡單的數位技術對人類工作內容與方式產生多少影響、對國家經濟產生多大衝擊；然後再想想未來可能產生的變革。你若覺得無法預測，沒關係，別人同樣做不到。

除此之外，再加上人口成長的衝擊。世界人口在過去三十年內倍增，從三十億成長為六十億，預計本世紀中期就可能高達九十億。這些新增的龐大人口將以超乎想像的方式，使用尚未發明的科技，去從事目前不存在的職業。

這些文化與技術的驅動力，正導致世界經濟的深度轉變，人類日常生活也逐漸多元而複雜，在年輕一輩身上尤其明顯。當前全球變遷的速度顯然前所未見，我們或能指出未來趨勢，但精準的預測卻難上加難。一九七〇年代極具影響力的一本書——托佛勒（Alvin

Toffler）的《未來的衝擊》（*Future Shock*），探討了社會與技術變革所造成驚天動地的影響。內人泰芮與我定居洛杉磯的意外驚喜與榮幸，就是結識了托佛勒和他的夫人海蒂。我利用共進晚餐的機會，請教他們對於「全球正史無前例的快速變革中」的看法。結果，他們十分肯定的說，當前的變化與挑戰，其規模之大、速度之快，再加上擴及全球的複雜度，人類歷史上確實沒有任何時期可以比擬。

一九九〇年代末期的人，如何能準確預測十年之後的國際政治環境、網際網路鋪天蓋地的衝擊、商業活動全球化的程度，以及年輕世代的溝通工具竟如此不同？或許有人曾經看到其中一項以上的趨勢，但有誰曾經掌握「所有」的趨勢呢？具有如此遠見的人少之又少，然而，這一切的變革卻已徹底改變了人類的生活方式。

並不斷加速中。

且我們無法斷定背後的原因。

我們只能從某些趨勢看出，這個世界將以令人目眩神迷的方式改變。中國、俄羅斯、印度、巴西等國家將在世界經濟體中占有更大的優勢。我們知道人口將持續以空前的速度增加。我們知道技術將會開拓出新範疇，新技術也將迅雷不及掩耳地融入到人們的居家與辦公環境中。

更多的國家與人群都加入了競爭行列，而不曾一日停頓的技術發展也持續改變著遊戲規則。這些有限的已知因素加總之後，得出了無法避免的結論：我們不知道未來是什麼模樣。迎接未來的唯一辦法，就是將自己的潛能發揮到極致，盼能因而培養更高的應變力與產能。

你將在本書中認識的人物，並非為了金錢而實踐心中的熱情，而是他們只願意將生命投注在這唯一的熱情之上。他們找到了自己生來就應該做的事，並挹注龐大心力，在這些個別的領域內窮究鑽研。**世界即便在明天顛倒過來，他們也將設法調整自己的能力，以因應世界的變遷，同時繼續與自己的天命結合，因為他們已經具有內化的理解力，知道如何讓自己的天賦融入新的環境中。**

許多人把熱情拋在一邊，從事不十分熱中的工作，只為了獲得物質安全感。事實上，你為了維持生計而接受的工作，很可能在未來十年之內就被發包到海外去了。如果你從未學習如何進行創意思考，並探索自己真正的才能，到時候你該做什麼呢？

說得更明確一些，如果我們繼續以過去的教育模式培養下一代，他們到時候該做什麼呢？他們一生中很可能換過多次工作，甚至有多種職業生涯，也有可能從事目前尚未存在的工作類型。因此，我們難道沒有責任鼓勵他們盡量探索各種可能性，發掘自己真正的天賦與熱情？

既然我們對未來的唯一認識就是「變」，那麼我們就必須隨之而變，才是明智之舉。我們必須重新思考人力資源的概念，以及該如何培養人力資源，才能面對未來挑戰。

我們必須擁抱天命。

天命為何物？

天命就是天生資質與個人熱情結合之處。我們在第一章認識的人物，以及接下來即將出現的故事主角之間，將會發現一個共通點：他們從事自己鍾愛的工作，而且認為工作中的自己最接近真實的自我。他們的時間流逝與別人不同，他們活得更扎實、更專注、更有活力。

融入天命之後，他們的喜悅與幸福因而超凡入聖。我指的不只是玩笑、開心、歡樂宴席，或欣賞日落之美……這類愉悅的時刻。**當你歸屬於天命，你所擁有的，將與自我認同、生命意義**、**身心健康息息相關，指引你自我啟發**、**自我定位，並發揮生命應有的價值。**因此，書中的故事主角才將尋得天命的經驗稱為「頓悟」。

我們如何發掘自己與他人的天命？這並沒有固定公式，天命因人而異，事實上，重點就在這裡，我們並不侷限於單一天命。你可能對多個領域懷抱相等的熱情，在這些領域中展現的能力也可能旗鼓相當，而有些人的熱情與天資或許只限於單一領域，這其中並無固定規則。然而，天命確實有其組成元素，讓你知道該如何思索自己的天命，該往什麼方向去尋找，該採取什麼行動。

天命的兩大成分是「天資」與「熱情」，兩個先決條件是「態度」與「機會」。歸屬於天命的順序大約是：我有、我愛、我要、在哪？

我有

天資指的是你在某方面與生俱來的天分，讓你靠直覺就能感受或理解某個學問的本質、其中的道理，以及它的用途。吉莉安天生就對舞蹈有感覺，一如麥特之於說故事、保羅之於經濟學與數學。天資具有高度個人獨特性，雖然可以是一般性的大略分類，例如數學、音樂、體育、詩或政治理論；但也可能非常具體，例如：音樂中的爵士或饒舌歌、吹奏樂器中的長笛、科學中的生化，或是體育中的跳遠。

本書將一一帶領你認識各種人物，他們天生有擅長的領域，但並非萬事通，他們只對某特定領域有天分。保羅是天生的數學好手，其他人可不見得是。

我就不是。我數學成績向來不好，完成學業之後真是大感解脫。沒想到等我有了孩子，數學又再度出現在生命中，就好像電影裡面的怪物，你以為它已經死了，下一幕卻又冒出來。為人父母的風險之一，就是得輔導孩子的功課，你可以唬唬他們，撐個一陣子，心裡卻知道離露餡的日子已經不遠了。

女兒凱特直到十二歲都以為我無事不曉，我也一直積極鼓勵她保持這種印象。她小時候只要碰上英文或數學問題，就過來找我幫忙。無論我眼下正忙著什麼，都會帶著自信滿滿的微笑抬起頭來，抱著她說：「那我們一起來研究吧！」假裝這些問題真的很難，免得她因為自己不懂而太難過。然後，她就用崇拜的眼神看我輕輕鬆鬆、以數學天神之姿，計算四的倍數或基礎減法。

有一天，她十四歲了，學校給的功課是滿滿一頁的二次方程式。我身上冒出好久不見的冷汗。這時候，我立刻採用「發現式學習法」，對她說：「凱特，我如果直接告訴妳答案，就沒意義了，這樣沒有學習效果，妳必須自己想辦法解答。我要出去喝我的琴酒了。還有，妳做好之後也不必把答案拿給我看，那是老師的責任。」

過了一個星期，她把雜誌上看到的一則連環漫畫帶回家給我。她說：「這個送給你。」漫畫內容是爸爸輔導女兒做功課，這位爸爸在女兒背後張望，說：「今天是什麼作業？」女兒回答：「我要把最小分母找出來。」爸爸說：「還在找呀！我上學的時候，他們就已經開始找了呢！」我完全了解他的感受。

但對某些人而言，數學就像詩或音樂一樣美麗動人。你必須找到自己的創造力，並加以發揮，才能展現真正的自我。**你要先了解自己有能力做什麼，才能知道自己要成為怎樣的人。**

我愛

天資並非找到天命歸屬的唯一條件，許多人在某方面有天生的能力，卻不認為那就是自己的天職。因此不僅要有天資，還需要熱情。**已經歸屬於天命的人都認為，工作就是深刻喜悅的來源。**

我弟弟伊恩是樂手，既能打鼓，也能彈鋼琴和低音吉他。幾年前，他加入利物浦的樂團，其中鍵盤手查理也非常有才華。有一次他們演奏結束，我上前讚美查理當晚的表演，然後說我也很想跟他一樣彈得那麼好。他回答說：「不，你不想。」我有些訝異，再強調一次我真的很想。他說：「不是，你只是覺得會彈鍵盤樂器好像很不錯。如果你真心想學，你一定早就已經會了。」他說，為了達到目前的演奏水準，他每天除了上台演出之外，還必須練習三、四個小時，而且從七歲至今都是如此。

我聞言，立刻覺得做個跟查理一樣厲害的鍵盤手，其實也沒那麼吸引人。我問他怎能保持這種自律的程度，他說：「因為我有熱情。」鍵盤樂器是他唯一願意將生命投入的領域。

我要

「態度」，指的是你如何看待自己與環境——觀察事物的角度、你的性情，以及情緒性的觀點。態度可以受到很多因素的影響，包含你的基本個性、意志、對自我價值的肯定、周遭眾人的觀點，以及他們對你的期望。有個有趣的指標可以用來判斷你的態度：你認為「運氣」在生命中扮演什麼角色？

熱愛工作的人常說自己很幸運，自認沒有成就的人則說自己運氣不好。其實每個人的生命都存在著意外與偶然，但幸運並不只是純粹的僥倖。成功人士身上幾乎都有相似的態度，例如堅忍、自信、樂觀、企圖心，以及不屈不撓。**你如何解讀周遭環境、如何創造機會、把握機會，基本上就取決於你對自己的期望。**

在哪？

若缺乏適當機會，你可能永遠也不知道自己天資何在，也不知道這份天資能為你創造多高的成就。在南極大概很難找到騎野馬的好手，撒哈拉沙漠也可能沒人懂得潛水採集珍珠。天資需要有機會使用，才能展現出來。你或許永遠無法發現真正的天命，其中一大因素就是機會，端看你能否獲得、創造機會，以及是否、如何把握機會。

你能否歸屬於天命，經常也取決於是否結識其他懷抱相同熱情與奉獻精神的人。實際的做法就是積極尋求機會，多方探索自己的天賦。

我們常能透過他人認清自己的真正天賦，也能給他人同樣的協助。

本書將詳盡探索天命的主要成分、已歸屬於天命的人有何共通特質、哪些環境或條件可以讓你更接近天命、哪些障礙阻止你擁抱天命。同時，書中也將帶你認識許多找到人生路途的人、幫忙鋪路的人、在路途前方引導的機制，甚至帶你認識某些錯誤的制度。你或許已經憑直覺體會到書中的概念，我希望本書能進一步說明清楚，讓你知道該如何找到天命，同時也幫助他人找到天命。透過本書，我希望你能夠重新認識自己的潛能，以及周遭他人的潛能。

Chapter

02

一定有屬於你的才華

個人才華可以有很多種展現方式，
如果數學不好，
或不會倒背字母，
也不能因此判定你是無用之人。
個人智力如同指紋一般，各不相同。
每個人運用智力的方式也都不同。
不論是雙胞胎，或是各自生活在地球兩端的人，
運用才智的方式必都各有特色。

米克．佛利伍（Mick Fleetwood）是全球極負盛名的傑出搖滾鼓手，他的樂團「佛利伍麥克」（Fleetwood Mac）唱片銷售量高達數千萬張，搖滾樂評也將同名專輯「佛利伍麥克」與「流言」視為巨作。然而，佛利伍就學期間，成績單的分數卻指出他缺乏智力。在大家慣於採用的標準之下，他看起來確實如此。

他告訴我：「我的學科表現一片空白，沒人知道為什麼。我在學校有學習障礙，現在也還是一樣。我完全不懂數學，一點也不懂。現在要我倒背英文字母，我也還是有障礙，照順序快速背出來，都算我走運了。如果有人問我：『這個字母前面是哪個字母？』我可能會冒一身冷汗。」

他在英國的寄宿學校上學，那段時間非常不快樂。「我有很好的朋友，但就是不開心，壓力非常大，很痛苦，也不知道該怎麼辦，因為我所有的學科成績都一塌糊塗，也沒有任何可取之處。」

還好佛利伍很幸運，後來聽他唱片或演唱會的人也都很幸運，這都因為他家人的眼界超越了學校的教學與考試。他父親是英國皇家空軍戰機飛官，退役之後開始實踐寫作的熱情，他帶著家人住在肯特郡泰晤士河上的遊艇，住了三年，讓他可以追尋夢想。佛利伍有兩個姊妹，莎莉前往倫敦，成為雕刻家；蘇珊則在劇場發展。佛利伍家的每個人都了解，個人才華可以有很多種展現方式，如果數學不好，或不會倒背字母，也不能因此判定你是無用之人。

佛利伍就擅長打鼓。他說：「彈鋼琴或許更能讓別人覺得你有創作能力，但我就只喜歡死命打鼓，打椅墊也是可以的。這不算是最高級的創作方式，你幾乎可以說：『什麼人都能打鼓，沒什麼了不起。』但我真的幹起了這個敲敲打打的行當，後來也成為我人生成敗的關鍵。」

不接受自己是個「沒用的人」

佛利伍的頓悟時刻，也就是這個「敲敲打打的行當」成為他生命熱望的時刻，發生在他小時候去倫敦找姊姊的期間。

在卻爾希區一處有鋼琴表演的小地方，有人一邊演奏（我後來才知道那是戴維斯〔Miles Davis〕的曲子），一邊還抽著吉德尼牌香菸。我盯著他們，看到了另一個世界的開端，整個人被那種氣氛吸了進去，感到無比舒適，忘卻束縛，那就是我的夢想。

回到學校之後，我緊緊抓住腦海中的每一幕印象，夢想自己進入那個世界。我當時也不知道能否與其他人一起合作演奏，但這些想像把我從學校的可怕夢魘中拉出來。我心中有強烈信念，卻極度不快樂，因為學校的一切都告訴我，我是個沒用的人。

佛利伍的學校成績依然讓老師不知所措，他們知道佛利伍很機伶，但從成績單上看來卻恰好相反。既然成績紀錄上就是如此，他們也無能為力。求學經驗讓這個夢想成為鼓手的小男孩沮喪不已，十幾歲的時候，他終於受夠了。

有一天我走出校園，坐在大樹下，我並沒有宗教信仰，卻淚流滿面向上帝祈禱，希望能永遠離開這裡。我要去倫敦，去爵士俱樂部表演。這個想法真是天真又荒誕，但我下定決心要成為鼓手。

父母也了解學校環境不適合佛利伍發揮才能。十六歲的時候，佛利伍向父母表示不願再去上學。父母並未堅持要他撐到畢業，反而讓他帶著鼓具，送他搭上開往倫敦的火車，讓佛利伍去追求自己的熱情。

做自己

如果佛利伍繼續上學，就不會有接下來一連串的「突破」。有一天，他在車庫裡練鼓，住在附近的鍵盤手巴登斯（Peter Bardens）過來敲門。佛利伍以為巴登斯會叫他小聲一點，其實不然，這位樂手邀請他一起去當地的青年聚會表演，因而讓佛利伍進入了一九六〇年代初期倫敦音樂圈的核心。「小時候，我不曾獲得任何成就感，現在我開始從一些跡象了解到，做自己、做現在的工作，其實很棒。」

他的朋友葛林（Peter Green）引薦他接下約翰．梅爾（John Mayall）的「藍調突破者」（Bluesbreakers）鼓手位置。這個樂團的成員曾經包含艾力．克萊普頓（Eric Clapton）、「奶油合唱團」的布魯斯（Jack Bruce），以及「滾石」的麥克．泰勒（Mick Taylor）。之後，他又與葛林、「藍調突破者」的老團員麥克維（John McVie）一起組成了「佛利伍麥克」。接下來就是一連串的多白金唱片，以及爆滿的演唱會。但即便身為享譽全世界的頂尖鼓手，佛利伍對自身天賦的分析，依然帶著求學時期留下的傷痕。

我的風格沒有數學規律性，如果有人說：「你知道什麼是四八拍嗎？」我就會完全嚇傻在原地，無法動彈。跟我合作的樂手都知道我其實是個小孩，他們如果說：「在副歌的第二拍……」我就會說：「我聽不懂。」因為我不知道副歌是什麼意思。但只要你演奏出來，我就聽得懂，因為可以聽歌詞。

對佛利伍來說，脫離學校，脫離了狹隘的評量考試，便是一條康莊大道。「爸媽在我這個滑稽的小傢伙身上看到的火花，顯然與學術無關。」**他之所以成功，是因為他打從心裡知道自己有出色的才能，那並非考試成績可以斷定；他之所以成功，是因為他不接受自己「是個沒用的人」**。

顛覆理所當然

我們對自己與他人的能力，常抱持理所當然的觀點，而天命的重要原則之一，就是要求我們提出質疑。這並不如想像中容易，我們對這些觀點已習以為常，不容易意識到它們的存在。這些觀點已然成為無庸置疑的預設立場，內化為思考架構的一部分。我們之所以不質疑，是因為已經視之為天經地義，視之為生命的組成元素，例如空氣、地心引力，或歐普拉。

有個很恰當的例子是，許多人已經不加思索地認為，人就只有那幾種感官。我常在演講時請聽眾做個簡單的練習，藉以強調這個觀念。我請聽眾想想他們有幾種感官，多數人都回答五種：味覺、觸覺、嗅覺、視覺、聽覺。某些人認為還有第六感，所以把直覺也列入，在這之後就很少人再提出其他答案。

不過，前面五個感官與第六感之間也有差異，前者各自配合一個器官，嗅覺是鼻子、視覺是眼睛、聽覺是耳朵等等；器官若受傷或被干擾，知覺就相對減弱。至於直覺是怎麼產生的，我們就不太清楚了，這個有點詭異的感官，據說在女孩身上比較豐富一些。所以，在我曾經請教的眾多人士之中，一般都認為我們有五個「確實」的感官、和一個「有點詭異」的感官。

人類學家葛茲（Kathryn Linn Geurts）的名著《文化與感官》（*Culture And The Senses*）記錄了作者對西非國家迦納東南方的安洛由族人（Anlo Ewe）所做的研究工作。老實說，我很同情那些邊緣族群，人類學家老愛跟蹤他們。這些族人的典型家庭編制大概是三個孩子加上一個人類學家。這個人類學家老跟在一旁，問他們早餐吃些什麼。儘管如此，葛茲的研究工作卻帶來很大的啟發。

她在安洛由人身上的發現之一，就是他們對感官有不同的概念。首先，他們就從沒計算過感官的數量，似乎不曾意識到這個問題的存在。此外，當葛茲拿出我們視為理所當然的清單，他們卻問：還有「另外」一個呢？最重要的一個呀？他們指的並非「有點詭異」的那個，也不是其他人類都已經喪失、只在安洛由人身上還繼續存在的古老感官，而是每個人都有，並且對生活有重大影響的感官——平衡感。

內耳的液體與骨頭掌管平衡感，若因疾病或酒精的關係，使平衡感受到破壞，你可以想像生活將受到多大程度的影響。因此，你應該就能了解平衡感對日常生活有多麼重要。但多數人從未想過將它列為感官之一，並非他們身上沒有平衡感，而是因為習慣了五種感官的概念（或許再加上有點詭異的那一種），因此不再多加思考，只當成常識，而視之為理所當然。

創意的天敵

創意與革新的天敵就是「常識」，尤其是就個人的成長而言。德國劇作家布萊希特認為，你覺得再平常不過的事，就是你完全不再花時間去理解的事。

你若沒有在第一時間猜到「另外」一個感官是平衡感，也無需太過自責，被我問過的人幾乎都猜不到。但平衡感卻與我們習以為常的五個感官同等重要，只是，這還不是唯一遭到忽略的感官。

多數心理學家的共識是，除了眾所皆知的五種感官之外，還有四種。第一是溫度的感覺，也就是「熱覺」，有別於觸覺，你不必接觸物體就能產生冷或熱的感受。人類可以維繫生命的溫度範圍比較狹小，因此熱覺相當重要；這也是我們穿衣服的原因之一（僅僅是其中之一）。

另一個感官是疼痛，亦即「痛覺」。當代科學家基本上都認為，痛覺與觸覺或熱覺屬於不同的感官系統。此外，來自身體內部與外部的疼痛似乎也各有不同的感知系統。接下來是前庭覺，也就是「平衡覺」，包含平衡與加速的感覺。還有就是運動覺，或稱「本體覺」，讓你知道四肢與身體各部位的空間位置，或是相對於彼此的位置。因此你才能站起來、四處活動，再回到原地。「直覺」似乎不太受心理學家歡迎，這個問題留待以後再討論。

上述感官都能幫助你感覺到自己的存在，讓你有能力在世間生活。感官也可能出現異常變化，某些人或許經歷過「聯覺」，也就是感官的混淆或重疊，因而看到聲音或聽見顏色。這些都屬於異常現象，似乎進一步挑戰我們對人類共通感官所抱持的一般常識，但也顯示出，無論感官有幾種、如何運作，都深深影響到我們對世界與自己的了解。儘管如此，多數人卻不知道、或從沒在乎過其他感官的存在。

並非所有人都覺得平衡感或其他感官不足為奇，巴特就是個例子。他小時候住在美國伊利諾州的莫頓葛洛夫鎮（Morton Grove），個性算不上活潑，但在大約六歲的時候，開始出現不尋常的舉動。他可以用雙手走路，幾乎跟用腳走路一樣容易。這雖然不算優雅的姿勢，卻讓他贏得家人的笑聲與讚美，只要家裡有訪客或聚會，大家就會慫恿巴特表演他的拿手好戲。其實他也喜歡自己的把戲，喜歡他招來的注意力，所以別人不需要太努力慫恿，他就會雙手著地、倒立，開始頭下腳上四處招搖。後來年紀更大了些，他甚至訓練自己用雙手上下樓梯。

當然，這個把戲沒有一點實際用途。用手走路的技能畢竟對考試成績沒有幫助，也沒有任何市場價值。不過倒是讓巴特的人緣相當好，顯然大家都認為，能跟用手爬樓梯的朋友在一起很有趣。

十歲那年的某一天，在徵得母親同意後，小學體育老師帶他到當地的一個體操中心。一踏進去，他就訝異得眼球都快掉出來了，覺得這輩子從未見過如此神奇的景象。那兒有繩索、雙槓、高空鞦韆、爬梯、蹦床、柵欄等等，各式各樣可以讓他爬行、跳躍、飛盪的器材。他彷彿同時置身聖誕老公公的玩具工廠和迪士尼樂園，並如魚得水。巴特的生命就此改變，他天生的技能終於在自娛娛人之外，也能發揮用處了。

八年之後，歷經不知多少次的跳躍、伸展、跳越鞍馬、重量訓練，巴特・康納（Bart

Conner）終於能代表美國參加蒙特婁奧運賽，踏上體操館的地板，繼而成為美國史上獲獎最多的男子體操選手，也是第一個贏得所有國內外競賽獎牌的美國選手。他是美國冠軍、美國大學聯盟錦標賽冠軍、泛美競賽冠軍、世界冠軍、世界盃冠軍，以及奧運金牌得主。他曾經三度參加奧運代表團，分別是一九七六年、一九八〇年，以及一九八四年。其中在一九八四年洛杉磯奧運的傳奇演出中，巴特原本帶著二頭肌撕裂傷，卻戲劇性地逆勢而起，以傷兵之姿成為雙金牌得主。巴特在一九九一年正式進入美國奧運名人堂，另於一九九六年進入國際體操名人堂。

巴特現在的工作是協助他人發揮對體操的熱情，他與同為奧運冠軍的妻子柯曼妮斯（Nadia Comaneci）共同管理一所熱門的體操學校，還自創《國際體操》雜誌與電視製作公司。

像巴特與柯曼妮斯這樣的運動員能夠深入了解身體的潛能，他們的成就顯示出一般人對人類潛能的想法有多麼狹隘。當運動員、舞者、音樂家等專業人士演出的時候，他們也等於做著另類思考。他們練習的時候，整個身體都投入其中，一邊創作、一邊記憶表演流程，運用的是所謂「肌肉記憶」。因為在實際演出時，動作快速且繁複，通常無法依賴一般的意識流程去思考與反應。於是他們汲取記憶深處的情感與直覺，再加上身體的反射與協調，發揮腦部的整體功能。如果只運用掌管理性思考的前腦，這些人的專業生涯恐怕不可能飛黃騰達，甚至連身體也無法飛離地面。運動員與各種表演工作者挑戰了眾人視為理所當然、卻認識錯誤的人類潛能——「智力」的概念。

你有多聰明？

我演講的時候，經常也請聽眾幫自己的智力打分數，從一到十分，以十分為最高。通常有一、兩位聽眾會給自己十分，他們一舉起手，我便建議他們趕快回家，比起聽我的演講，這些人有更重要的事得做。

除此之外，我通常會看到零星幾個九分，數量稍多的八分，但我一貫地看到聽眾大多給自己七分或六分，接著舉手的人就愈來愈少。不過我從來沒能完整的做完這個調查，通常結束在兩分，免得有人當眾宣稱自己的智力只有一分。調查結果為什麼總是呈現這種鐘狀曲線？我想原因就在於我們把「智力」的概念視為理所當然，卻認識錯誤。

有趣的是，多數人真的都回應問題，舉手給自己打分數。他們並不認為問題本身有什麼不對，也願意把自己列在分數表上的某個位置。只有少數人曾經質疑問題本身，並反問「智力」的定義。我認為這是每個人都該有的態度，我深切地認為，**正是因為我們已經習慣沿用**

一般人對智力的定義，才導致這麼多人低估了自己真正的才智，因而無法找到天命。

智力的一般定義大約是如此：每個人生來就有固定的智力，就像身體特徵，例如藍眼珠或綠眼珠，長腿或短腿。智力只展現於特定領域，尤其是數學與語文。紙上測驗可以評量智力，並且以數字多寡表示高低。就這樣，沒了。

恕我直言，這種定義實在不可信。但長久以來卻廣泛充斥於西方文化，甚至擴及東方文化的一大部分。此定義深植於教育系統，支撐了價值數百萬的龐大考試產業，讓業者依靠世界各地的公眾教育維生，同時也律定了所謂的學術能力，主導大學入學測驗，並維繫科目階級制度，更奠定了「智商」概念的基礎。

這種概念已經在西方文化中存在了相當長的一段歷史，至少可以追溯到亞里斯多德與柏拉圖等偉大希臘哲學家的年代，並於十七、十八世紀，知識大幅進步的期間開始被廣泛接納。哲學家與學者一心希望為人類知識建立穩固基礎，急於擺脫數百年來蒙蔽人類心靈的種種迷信與神話。

啟蒙運動的主要精神就是強調邏輯與批判推理的重要性。哲學家認為，任何無法通過邏輯推理檢驗的知識，尤其是無法以文字論述或數學方法驗證的知識，我們都不應當接受。問題是，檢驗流程的起點究竟該定在何處，才能避免將某些邏輯謬誤視為預設前提。哲學家笛卡兒有個最著名的結論，他認為唯一可預設的前提，就是他自己的存在。沒有他，就沒有這些思緒，這個論點就是「我思故我在」。

啟蒙時代的另一個精神就是，科學概念必須獲得證據的支撐，並且是感官可以觀察得到的證據，而非盲信或傳聞。以「推理」與「證據」這兩大精神為基礎，知識革命開始發展，改變了西方世界的前景與成就，從而促進科學方法的進步，以及各種見解與分析的蓬勃發展。還有概念、物體、現象的分門別類，讓人類的知識範圍拓展至地底深處，以及已知宇宙的遠端。此外，亦帶動實用技術的驚人發展，因而催生工業革命，也導致上述思維模式在學術、政治、商業，以及教育界，都躍升至最高的主導地位。

邏輯與證據的影響力甚至超越實體科學，塑造了人文科學的重要理論架構，包含心理學、社會學、人類學，以及醫學。公眾教育在十九與二十世紀開始發展，也同樣以上述對「知識」與「智力」的新主流概念為基礎。因為公眾教育配合著工業革命的需求而發展，因此也需要一套快速簡易的篩選與評量辦法。此時恰好派上用場的就是新興的心理學，其中正包含測量智力的新理論。基本上，智力的定義是基於語文與數學推理，有一套辦法可以得出量化的結果，這當中最重要的概念就是「智商」。

於是我們開始以邏輯分析能力衡量智力，認為理性思考優於情感與情緒，能夠以文字或數學方式表達的概念才上得了檯面。除此之外，我們也認為智力可以量化，於是透過智商測驗或SAT等制式化測驗，篩選出真正聰明、有資格獲得特殊待遇的人。

法國心理學家比奈（Alfred Binet）是智商測驗的創造者之一，他當初賦予智商測驗的功能其實正好相反。他接受法國政府委託設計測驗內容，目的是為了篩檢出需要特殊照顧的孩童，好讓他們接受特殊教育。他從未想過以智商測驗認定智力或腦力程度。比奈甚至曾經表示他創造的衡量表「無法用於測量智力，因為智能無法彼此相加，因此也無法像線性表面那樣加以度量」。

他的智商測驗並不暗指人類無法隨時間而變得更聰明。他說：「近期的某些思想家堅稱個人智力高低是固定值，無法後天增加。我們必須抗議並抵制這種冷酷的悲觀主義，並以行動證明這種理論沒有任何基礎。」

荒謬優先學

然而，從過去到現在，教育家與心理學家繼續讓智商測驗發展到荒謬的地步。一九一六年，史丹佛大學的特曼（Lewis Terman）教授發表改版的比奈智商測驗，被外界稱為「史比智力量表」（Stanford-Binet test），至今已發展到第五版，也是當代智商測驗的根據。值得一提的是，特曼對人類才智抱著令人遺憾的偏頗觀點。以下是他在著作《智力的測量》（*The Measurement of Intelligence*）當中的言論：「從事勞務的男性或幫傭的女性當中，很多人都屬於庸劣的資質，他們為這個世界『伐木』與『汲水』。就智力而言，智商測驗結果已經說明真相……無論再多的學校教育，也永遠無法讓他們對世界有正確的認識，從而變成理性或明智的選民。」

特曼曾經活躍的時間，屬於教育與公共政策的黑暗時期——因為多數史學家都刻意不加著墨，所以你很可能沒聽說過，就像家族中的精神疾病患者，或是大學時代酒後闖禍的不幸事件。當時的優生學運動企圖根除特定種類的人口，聲稱犯罪與貧窮具有遺傳性，可以透過智商測驗找出具有這些傾向的人。該運動最駭人聽聞的說法，無非是將某些族群全數納入此類人口，包含南歐人、猶太人、非洲人，以及拉丁美洲人。特曼在作品中表示：「我們不斷在印度人、墨西哥人、黑人當中發現此類人口，這就是有力的事實，顯示我們應該重新透過實驗方法，好好研究種族因素造成的智力差異。

此類族群的孩童應該被隔離在特殊教室，並施以具體務實的教育。他們無法成為大師，但通常可以被訓練成有效率的勞工，有能力養活自己。現階段還不可能說服社會禁止他們生育下一代，不過從優生學的角度看來，他們是很嚴重的問題，因為他們的繁殖力非常高。」

該運動竟然透過遊說，在美國十三個州通過強制節育法，州民的智商若低於標準，就可以在他們無權表示意見的狀況下施以節育措施。這些州最終還是決議撤銷此法，反映出民眾在理性與感性上的共通見解。但這樣的法律曾經存在的事實卻令人驚駭，我們若以狹隘的制式測驗去量化智力，或是個人對社會的貢獻力，就可能帶來如此可怕的危險。

智商測驗甚至還攸關生死。犯下死罪的人如果智商低於七十，依法不必接受死刑。然而，智商成績不斷隨著下一代的出生而提高，隔一代可增加高達百分之二十五之多，導致評量表必須以十五到二十年為一週期，重新調整，以維持平均為一百。因此，死刑犯被處死的機率，在週期之初就高於週期之末。這不過是一項測驗，然而其所承擔的責任未免沉重得太恐怖了！

受測者也可以透過研讀與練習而提高成績。我近期讀到一個案例，一位終身監禁的死刑犯已經坐牢十年（他不是扣扳機的人，但涉入的搶案造成一人死亡），在服刑期間修習一系列課程，重新接受測驗之後，發現智商成績提高十分，突然符合了執行死刑的條件。

當然，我們不太可能因為智商成績而面臨強制結紮或致命毒針，但可以藉由這些極端的例子提出關鍵質疑。這些數字到底代表什麼？如何解讀智力？答案是，這些數字頂多反映受測者在數學與語文推理方面的能力，意即只能測驗特定領域的智力，而不具全面性。況且就像前面所說的，成績的基線也必須不斷調整，才可因應人類的與時俱進。

我們對智商的執著其實是必然的結果，因為我們對學校的制式測驗也同樣執著，而且過度依賴。老師們每年都耗費大量時間，幫學生準備全國性測驗，其結果將會決定一切，包含孩子下一年度在班級中的排名，以及學校可獲得的資金補助。這些測驗當然毫不考慮孩子（或學校）的個別長處或需求，卻可以決定孩子在求學期間的命運。

目前對美國學生影響最大的測驗就是ＳＡＴ（學術性向測驗）。真巧，ＳＡＴ創始人布林漢姆（Carl Brigham）也曾是優生主義者，這項測驗原是設計給軍方使用。布林漢姆令人激賞之處，在於他創造ＳＡＴ之後的五年便與之切割，同時亦摒棄優生學。然而，當時已有哈佛及其他常春藤聯盟學府開始採用ＳＡＴ，衡量申請者的入學資格，持續將近七十年之久。多數美國大學也使用ＳＡＴ或相似性質的ＡＣＴ（大學入學測驗），做為篩選學生的主要標準之一，但亦有某些大學開始降低這些測驗成績的重要性。

ＳＡＴ在許多方面都凸顯制式測驗的問題所在：只評量特定範圍的智力，完全不考慮個別差異。受測者之間可能天差地別，卻僅以一體適用的共通標準去判斷青少年的升學潛力，導致國、高中生曠日廢時準備考試，因而犧牲課業學習或課外興趣。《普林斯頓評鑑》（*Princeton Review*）的創辦人卡茲曼（John Katzman）提出嚴苛的批評：「ＳＡＴ之惡，在於完全與高中教育脫節，製造出所謂的影子課程，卻對教育者的目標或學生的成長毫無幫助……。ＳＡＴ被當作狗皮膏藥一樣地推銷，雖然旨在評量智力、佐證學校平均分數、預估大學表現，事實上卻從未做到前兩項目的，第三項的成效也不值一提。」

然而，學生測驗成績若不高，或不特別擅長ＳＡＴ測量的這種推理能力，就可能面臨放棄大學教育的抉擇。這一切都是因為我們慣於接受「智力可以量化」的概念，影響所及並非僅止於學術領域。記得鐘形曲線嗎？每次我提出相同的問題，得到的答案都呈現鐘形曲線，這是因為我們替「智力」下的定義太過於狹隘。**當我們被問及：「你有多聰明？」都以為自己知道答案，其實真正的答案是：這個問題本身就是個錯誤。**

你是怎麼個聰明法？

適當的問法應該像這個標題。兩種問法的本質大相逕庭，第一種「你有多聰明」隱含的立場是「每個人的智力都能透過某種方式度量，並濃縮到只剩一個數字或排序」。第二種「你是怎麼個聰明法」的寓意則是「智力的範圍超越目前的認知，表現方式也非常多元，無法以任何尺度將之量化」。

智力的本質一直是個爭議，許多專業人士終其一生都在思考這個議題。但智力究竟是什麼、誰有智力、智力的範圍有多廣等問題，卻始終缺乏共識。幾年前美國的一項調查研究嘗試為智力下定義，集結了一組心理學家，請他們從二十五項智力項目中進行圈選，並提出評論。結果意見紛歧，只有三個項目的圈選率高於百分之二十五。有人如此評論：「假設這是請專家講解可食用的野蘑菇，好讓大家知道怎麼跟毒蘑菇做區分，結果專家們給的結果卻是如此，大家可能會認為，完全不吃蘑菇比較妥當。」

僅以智商論定智力的做法，過去就不斷遭到批評，近年的批評聲浪又更頻繁，且更強烈。許多替代方案甚至完全推翻智商的概念，認為智力內涵之廣，智商測驗永遠無法詳盡評估。

哈佛大學心理學家迦納（Howard Gardner）的論點便受到廣泛喝采，他認為人類智力絕非僅只一種，而是包含語文、音樂、數學、空間、肢體動覺、人際（與他人的關係）、內省（對自己的認識與了解）等等，不同的智力之間或多或少彼此依存，雖然某些智力或許屬於「顯性」，某些則屬「隱性」，但並沒有最重要的一種。每個人在每一種智力的程度高低都可能不同，教育系統應該同樣重視每一種智力，讓學生各自有機會發展個人才能。

史登堡（Robert Sternberg）是塔夫斯大學（Tufts University）的心理學教授，過去曾擔任美國心理學協會會長，長久以來不斷批評傳統的智力測驗與智商的概念。他認為智力可分為三種，「分析力」是運用學術能力解題、完成傳統智商測驗的能力；「創造力」是因應新奇狀況、想出獨門解決方案的能力；「務實力」則是因應日常生活的問題與挑戰的能力。

心理學家及暢銷作家高曼（Daniel Goleman）曾經撰述「情緒智力」與「社會智力」的概念，人類無論獨處或融入周遭環境，這兩種智力都十分重要。

《另外的百分之九十》（*The Other 90%*）作者庫柏（Robert Cooper）指出，智力並不只侷限為頭顱內的腦部活動，他還提出「心靈」腦力與「直覺」腦力。他表示，人的直接經驗並非直接進入頭腦，而是先進入腸道與心臟的神經網絡。他將前者（腸道神經系統）形容成腸子裡的「第二個腦」，雖然獨立於頭腦之外，兩者卻相互聯繫。他表示，「直覺反應」因此經常是人們對事件的第一個反應，雖然我們不見得有清楚的認知，卻會影響所有的行為反應。

其他心理學家與智力測驗人員則對上述概念感到憂心，認為目前並沒有量化證據足以證實這些概念。事實或許如此，但日常經驗卻清楚指出人類有多元、多面向的智力。如果你要證據，只需看看人類文化與種種成就是多麼豐富與繁雜。至於這一切是否真能納入單一理論，並將智力分成三、四、五種，甚至八種，就讓理論家去傷腦筋吧！

不過，人類才能的本質，其實隨處皆可驗證。我們體驗世界的方式之豐富，不就等於我們思考方式之豐富？每個人各有不同的長處與天生的資質，這一點也無庸置疑。

我說自己在數學領域並無特殊天分，其實應該說是毫無天分。不過，勒麥（Alexis Lemaire）可就是另一回事。他是攻讀人工智慧的法國博士班學生，十分年輕，曾在二〇〇七年締造世界紀錄，他只花了七十二點四秒，就用心算解出兩百位數的十三次方根。你若跟我一樣不知道這代表什麼意義，請容我解釋。當時勒麥面前放著筆記型電腦，可隨機產生一個兩百位數的數字，並顯示在螢幕上，光是長度就有十七行，是相當龐大的數字。

他的挑戰就是在腦子裡算出這個數字的十三次方根。也就是說，正確答案重複相乘十三次之後，就會得到螢幕上這個兩百位數的數字，勒麥就是要算出那個答案。當時勒麥凝視著螢幕，不發一語，接著就說出正確答案：2,397,207,667,966,701。別忘了他只花了七十二點四秒，且唯一的工具就只有腦子。

勒麥表演這項高超技藝的地點是紐約科學館，他已經鑽研十三次方根許多年，最高紀錄「只有」七十七秒。事後他對媒體說：「第一個數字很容易，最後一個也很容易，但中間的數字就困難無比，我不是使用電腦，而是腦中的人工智慧系統。我相信多數人都算得出答案，但我的頭腦運作速度很快，有時候跑得非常、非常快……我用一套方法把這項技能磨練到可與電腦比擬，就像在腦子裡跑程式，用來控制頭腦。」

他說：「有時候因為做乘法運算，腦子跑得太快，還得吃藥才行。腦子轉速慢一點的人，我想也能做同樣的乘法運算，但因為我的腦子速度比較快，對我來說就容易一些。」他固定做數學練習，以便加速思考，平時也做運動，不喝含咖啡因或酒精的飲料，並且避開糖分或脂肪含量過高的食物。他的數學練習實在是很激烈的腦部運動，因此也必須固定讓頭腦休息一段時間，因為他認為太多的數學運算可能對身心健康都有傷害。

我也認為太多數學運算可能傷害我的身心健康，只是沒想到勒麥也跟我一樣，在校時的數學成績並不特別優異。不過我們的共同點也就到此為止。他當時的數學成績在班上並非頂尖，都是透過自修而來的。

他在十一歲的時候發現自己確實有處理數字的特殊天分，藉由持之以恆的自我挑戰，並發明精密的技巧，逐漸探索、培養、精進這項天分。他所有成就的基礎，就是獨特的個人資質，加上無比的熱情與決心。當勒麥鑽研著數字龐大的方根，顯然就是他與天命結合之際。

智力的三項特質

智力至少有三項主要特質。第一，智力的範圍非常廣泛多元，顯然不只侷限於語文或數學推理；這些能力儘管重要，卻絕非表現智力的唯一途徑。

傳奇攝影家帕克斯（Gordon Parks）的作品以獨到的角度，捕捉非洲裔美國人的生活經驗。他是好萊塢一線電影的第一位黑人製作人與導演，也曾參與創立《精髓》（*Essence*）雜誌，擔任總編輯長達三年。他是才華洋溢的詩人、小說家、傳記作家，甚至是作曲家，運用獨創的記譜方式寫曲。但他從未接受這些領域的專業訓練。

帕克斯其實連高中也沒念完。母親在他十五歲就過世，之後沒多久，他就流落街頭，因而輟學。他勉強受過的學校教育，也只是讓人氣餒罷了。他經常提及過去某個老師曾對學生說，大學教育對他們來說毫無用處，反正他們都注定要變成搬運工或清潔工。

即便如此，他對自身長才的盡情揮灑，可是少人能及。他無師自通學會彈鋼琴，在十幾、二十歲的時候藉此掙錢度日。幾年後，他在當鋪買了台相機，自己鑽研攝影。他對影像與寫作的知識，基本上都來自於日常觀察，以及求知若渴的態度，還有對他人生命的無盡關懷與深入了解。

他在「史密森尼博物館」（Smithsonian Institute）接受訪問時表示：

> 我永遠持續不懈，就攝影而言，我有一股不屈不撓的勇氣，一旦發現自己對攝影的興趣，就全力去追求。當時我妻子並不十分認同，丈母娘也像所有的丈母娘一樣，反對這種

事。我砸下不少錢幫自己買器材。事情大概就是這樣，我發現自己的熱情所在，就發憤鑽研，到處投石問路，努力尋求認同。

「我的生命就像好幾段各異其趣的夢境。」帕克斯接受美國公共電視網訪談時說：「我經歷過各種生命事件，真是太奇妙了！它們彼此互不相關，但我只知道不斷努力，只覺得自己絕不能失敗。」

帕克斯對美國文化貢獻卓著。他的攝影作品充滿批判精神，最著名的就是〈美國歌德〉（*American Gothic*），並置呈現一位手持掃把的黑人女性和美國國旗的作品。他的電影也充滿啟發意義，例如，帶動好萊塢黑人動作明星風潮的票房片「黑豹」（*Shaft*）。他的散文作品不流俗，音樂作品亦風格獨具。

我不知道帕克斯是否曾經參加制式學術測驗，或大學入學考試，但他既然少受了傳統教育，可能即便去考試也無法拿到高分。有趣的是，他雖然從未完成高中學業，卻累積四十個榮譽博士頭銜，還將其中一個獻給當初那位蔑視學生的高中老師。從世上所有正常標準來看，帕克斯都是絕頂聰明的曠世奇才，他神妙絕倫的才能，讓他掌握並精通各種繁複又細膩的藝術形式。

我猜想帕克斯應該很認同自己的聰明才智。然而，如果他的想法就像其他一般人，那麼，他學業未竟的事實，很可能使他低估了自己豐富又亮眼的天賦。

帕克斯、佛利伍、巴特的故事都指出，智力的表現很可能與數字或語文毫無關連。我們透過不同的方式體驗世界，也以這些方式認識這個世界，其中包含感官的各種運用方式（無論感官究竟有幾種）。我們透過聲音、動作，或視覺去思考。我曾與英國皇家芭蕾舞團合作很長的時間，認識到舞蹈是強烈的表達方式，舞者也必須運用多種智力（動覺、韻律、音樂、數學）。智力若只有數學與語文兩種，芭蕾舞就不可能存在，也不會出現抽象畫、嬉哈文化、設計、建築，甚至超市的自助結帳櫃臺。

智力的多元特質就是天命的重要基石。人類認識世界的方式非常多元，你若無法了解這個事實，將因而大大限制了你找到真實自我的機會。

智力的多元性

這種美好的多元特質也展現在富勒（R. Buckminster Fuller）身上，他因為「圓頂屋」的設計而出名，也創造了「太空船地球」的環保概念。他最傑出的成就顯然是在工程領域，當然就需要運用數學、視覺，與人際方面的能力。但他同時也是聰穎的寫作奇才，還是挑戰當代所有理念的哲學家，在環保運動萌芽之前數年，就已是熱心環保人士，更是教學嚴格、作育英才的大學教授。富勒的成就來自於他與正統教育的切割，雖然家族四代以來全是哈佛校友，他卻是唯一例外。他走出家門體驗世界，將才智發揮到極致。曾經加入海軍、創立建築材料公司、在紡織廠當機械師，也在肉品加工廠當過工人。富勒完全不認為有任何因素可以阻止他盡情發揮一切才智。

智力的第二項特質就是充滿動能。人腦各部位互動頻繁，你做任何事情都需要各部位通力合作。正是因為腦部的動態功能，才能讓你在事物之間發現新的連結，也才有可能實現創意。

愛因斯坦就是善加運用智力動能的好例子。他身為科學家與數學家的才華已經成為傳奇，然而，他也用心學習以各種方式發揮才能；他認為任何挑戰腦力的事，都可以發揮實際用途。例如，他曾經訪問許多詩人，只為了更了解「直覺」與「想像力」。

艾薩克森（Walter Isaacson）在愛因斯坦的傳記中寫道：

> 年幼求學期間，死背硬記的教育在他身上的成果有限，他後來能成為理論家，並非因為死命用腦，而是因為他的想像力與創造力。他能建構複雜的方程式，但更重要的是，他了解

數學只是一種語言，被大自然用來描述自己的神奇之處。

每當在工作上遇到挑戰，愛因斯坦經常讓小提琴幫助他。愛因斯坦的朋友告訴艾薩克森：「他晚上常在廚房拉小提琴，即興創作曲調，同時一邊思考艱澀的問題，然後就在演奏中突然大喊：『我懂了！』好似瞬間開竅，問題的答案就在音樂聲中浮現腦海。」

愛因斯坦似乎也了解，智識成長與創造力是來自於智力的動態特質。你不只看到事物的差異，更看到事物之間的關連，你因為這些類比經驗，才獲得成長。這些「頓悟的故事」都指出，當你豁然開朗、想通了某些事情，其實是因為你終於發現事件、概念、情況之間的關連。

智力的第三項特質就是鮮明的獨特性。個人智力如同指紋一般，各不相同，智力或許分為七種、十種，或一百種，但每個人運用智力的方式都不同。我的才能是某些顯性與隱性智力的組合，與你的組合不同，路人甲則又是另一種完全不同的組合。不論是雙胞胎，或是各自生活在地球兩端的人，運用才智的方式必都各有特色。

於是我們又回到當初的問題：「你是怎麼個聰明法？」當你了解智力的多元性、動能與獨特性，或許能因而得到新的答案。這是天命的核心之一。當你戳破了先入為主的概念，就可以開始用新的角度了解自己的才智。**線性評量表上的分數無法代表一個人，分數相同的兩個人也不可能就做同樣的事，擁有共同的熱情，或創造同等的成就。尋找天命的目的，就是讓你可以嘗試用不同的方式體驗世界，進而發現自己真正的力量所在。**

只是別再視為理所當然。

Chapter

03

誰都能飛

想像力在人類生命中占有極重要的地位。
因為想像力，
你才能回憶過往、思考當下、預測未來，
以及——發揮創意。
人之所以為人的獨特之處，
就是來自於想像力。
想像力催生了語言、藝術、科學、哲學，
以及浩瀚繽紛的人類文化。

林枸（Faith Ringgold）是聲譽卓著的藝術家，最著名的創作是以拼布的形式作畫。作品曾在世界各地的大型博物館展出，並得到美國古根漢博物館、大都會博物館，以及現代藝術博物館列為永久館藏。她同時也是得獎作家，第一本著作《瀝青海灘》（*Tar Beach*）就獲得凱迪克銀牌獎（Caldecott Honor）。此外，她還能作曲，並錄製歌曲。

林枸的生命充滿創意，卻是因為生病無法上學，才踏上這條路。她兩歲的時候患了氣喘病，所以延後上學。她在訪談中告訴我，因為氣喘而不能上學，對她的生命發展是良性的轉變，她說：「我因而倖免於教條灌輸，你知道嗎？我缺席了，但很多孩子的養成環境都受到僵硬的管控。學校就是這樣的環境，我想也許有它的道理，因為你在一個空間裡放了很多人，必須用特定方式督促這些人，才不會出錯。但我從未受到這種組織的箝制，我沒有上幼稚園和一年級，等到二年級才開始上學，每年也都因為氣喘而缺課二、三個星期！我一點也不在乎少上了這些課。」

最有創造力的人

母親很努力協助她跟上學校進度，不讀書的時候，她們便去探索廣闊的藝術世界，一九三〇年代的紐約哈林區正提供了這樣的環境。

母親帶我看了當時所有的精采表演，艾靈頓公爵（Duke Ellington）、比莉・哈樂戴（Billie Holliday）、比利・艾克斯汀（Billy Eckstine）……等，這些很棒的老歌手和樂團靈魂人物。因此，這些人就是我眼中最有創造力的人，你可以親眼看到他們的藝術就從體內油然而生。而且你知道嗎？我們都是鄰居，走在路上就能撞見這些人活生生在眼前。他們的藝術、他們將自己與觀眾分享，這些都給我很深刻的啟發，讓我了解身為藝術家在溝通方面的功能。

我不曾被迫跟其他孩子做一樣的表現；我的穿著、模樣都跟他們不同。家人對我也沒有一般的期望，所以，我做些怪怪的事，反而變得很自然。我母親是時尚設計師，本身就是藝術家，只是她從不自稱藝術家。母親對我的幫助很大，但也很清楚告訴我，她並不確定藝術是否適合拿來當作一生的志業。

林栒終於能正常上課時，就在美術課得到鼓勵與快樂。

小學一直都有美術課，是很棒的經驗，棒極了。我記得很清楚，老師看到我的作品之後大為讚賞，我反而弄不懂他們為什麼覺得很好？但我沒有說出來。上國中後，老師跟我們一起作畫，要求我們要用「心」觀察，而不是用眼睛。我們得用這個觀點畫花卉，我當時想：「天啊！真不想給她看，我畫得真糟糕。」但她卻舉起我的畫，說：「哇！這幅畫好棒！大家看這裡！」

現在我知道她為什麼喜歡我的畫了，是因為畫裡的自由。這也是我看兒童創作的時候，最喜歡看見的東西，那種豐富、美好，都是兒童體內的魔術。孩子們不覺得藝術有什麼奇怪或特別，他們接受藝術、了解藝術，也喜歡藝術。他們走進博物館就四處張望，一點也不覺得有威脅性。成人反而會以為藝術品傳達了什麼深奧的訊息，以為自己應該發表一些看法，或採取什麼行動。但孩子們卻能直接接受藝術，這是天性使然。直到有一天孩子開始挑剔自己，直到完全失去信心，這或許是大人們開始挑剔他們吧！我總是盡量避免這麼做，但這個世界不斷挑剔孩子，用種種標準去評斷——這個看起來不像樹，那個看起來不像人。年紀輕的孩子才不理會這些，他們在你眼前放開自己。「這是我媽媽、這是我爸爸。我們一起去那個房子，砍了這棵樹。還有這個、還有那個。」他們可以說出一整個故事，覺得事情就是這樣沒錯，而且棒得不得了。我也覺得棒得不得了，因為他們完全自由奔放，不受任何因素羈絆。

我認為孩子們對音樂也有同樣的天性，他們稚嫩的聲音就像嬌小的鈴聲一般。我曾到一所學校幫每個年級各上四十五分鐘的課，從幼稚園中班到六年級。在這堂藝術課上，我先讓他們讀一段書，然後再教課，再放幾張投影片，然後教唱我寫的歌〈誰都能飛〉。他們馬上就能記住旋律，不論是幼稚園中班、大班，到一、二、三、四年級都沒問題。但到了五年級就開始不太順利，他們幼小的聲音不再像鈴鐺，似乎很難為情，但是，有些依然照唱不誤的人就不會。

與生俱來的創造力

還好林枸從未受到這種壓抑，她從小就喜歡探索自己的創造力，身上也一直保留這種創意火花，直到長大成人。

從我一九四八年開始上大學修習藝術，就知道自己想成為藝術家。當時還不知道該走哪條路，怎樣才能走上那條路，也不知道如何成為藝術家，卻很清楚那就是我的目標。我的夢想就是成為藝術家，終生作畫，也以作畫為生。你生命中的每一天都可以創造美好的東西，那麼每一天都將和其他的日子同樣美好。在每個日子裡，你都有新發現，因為你作畫、你創作，你找尋新的方式創作。

當我問聽眾認為自己有多聰明時，通常也會請他們評量自己的創造力。跟智力的問題一樣，最低一分，最高十分。然後，也跟智力一樣，多數人都給自己中等的分數。大約一千人當中，只有少於二十人給自己的創造力打十分，稍多一些人會在九分或八分的時候舉手，不過，也總是有幾個人給自己兩分或一分。我想，就跟智力的問題一樣，這些人對創造力的評量也大多都錯了。

當我問聽眾，有多少人的智力和創造力的分數不同，這個小民調的真正重點就出現了。通常約有介於三分之二與四分之三的聽眾在此時舉手。為什麼？我想多數人認為智力與創造力是兩回事，我可能很聰明，但沒什麼創意；或是很有創意，卻不甚聰明。

對我而言，這個現象反映出一個基本問題。我與某些機構進行許多合作案，都是為了指出智力與創造力之間有濃濃的血緣關係。我強烈認為，沒有智力就無法創造；同樣的，智力發揮到極致時，就是創意思考。追尋天命的途中，也必須了解創造力的真正本質，並清楚了解創造力與智力之間的關連。

迷思

就我的經驗而言，多數人對智力的看法相當狹隘，多半將智力等同於學術能力，因此導致許多人自認不夠聰明。事實上，他們只是聰明之處有所不同。至於創造力，其實也存在著幾項迷思。

迷思之一：只有才情特殊的人才有創造力。錯！**每個人生來就有豐富的創造能量，重點在於你是否開發這些能量。**創造力與識字能力其實很類似，我們從不懷疑自己可以學會讀寫，如果有人不識字，你並不會直接認定此人沒能力，而是認為他只是沒機會學習罷了。創造力其實也是如此，你說自己沒有創造力，通常是因為你不知道究竟何謂創造力，或不了解創造力的實際操作方式。

迷思之二：創造力只屬於特殊領域。創造力都存在於「創意範疇」，例如藝術、設計或廣告業。這些領域確實包含高度的創意成分，但是，科學、數學、工程，或是經營事業、當個運動員，甚至談戀愛、失戀，也都需要創意。**事實上，任何領域都與創意有關，任何用得上智力的領域，都可以發揮創意。**

迷思之三：某些人就是沒有創造力，這是天生注定的，就像眼球的顏色一樣，不可能因為後天努力而改變。其實不論在工作或生活中，你絕對可以有更多創意。關鍵第一步就是了解創造力與智力之間的密切關係，而後，路途的前方很可能就是你的天命。但你必須先回頭仔細研究智力的一項基本特質，也就是我們獨特的想像力。

一切就在你的想像之中

上一個章節曾討論過，我們都低估自己的感官與智力，受到同樣待遇的還包含想像力。就如同感官的存在被視為理所當然，想像力似乎更是如此。我們質疑別人的感覺時，常說「你的想像力太豐富了」或「那只是你的想像罷了」。我們以「腳踏實地」、「務實」、「實事求是」自豪，並嘲笑「不切實際」的人。然而，跟其他能力比起來，想像力才是讓人類遠遠超越其他生物的特質。

想像力是人類所有特殊成就的來源，讓我們從洞穴發展到城市，從骨棒晉升為高爾夫球棒，從茹毛飲血進展到美食文化，也從迷信發展到科學。**想像力與現實之間的關係既複雜又深刻，也相當程度決定了我們能否尋得天命。**

當你專心看著身邊的實體環境，想必預設自己的認知與實際的物體相當吻合。因此你才能在交通繁忙的道路上開車，在商店買到想要的物品，睡醒的時候身邊不會躺錯人。雖然上述預設可能不適用於某些狀況，例如疾病、精神錯亂，或濫用管制藥物，但我們先繼續討論這裡的主軸。

我們經常跳脫當下對實體環境的認知，在腦海中產生另一個地方與時刻的印象。我若請你想想學校裡最好的朋友、你最愛吃的食物，或你最討厭的傢伙，即便這些人或物不在眼前，你也能輕易在腦中看到影像。這種「在腦中看」的做法，就是想像力的主要運作方式。因此，我對想像力的初步定義就是：即使是感官不直接體驗的東西，你仍可在腦海中看見。

我猜你的反應大概是：「廢話！」這個反應恰如其分，也幫我凸顯了關鍵重點——人類所有的能力當中，想像力或許最被視為理所當然。這種現象十分遺憾，想像力其實在人類生命中占有極重要的地位。**因為想像力，你才能回憶過往、思考當下、預測未來，還有一件影響重大深遠的事——發揮創意。**

你不僅可以運用想像力在腦中回顧過去的體驗，還能創造經驗中不存在的東西。你可以推測、預判、猜想、假設，也就是說，你可以「想像」。你的思緒一旦從當時、當地抽離，就等於獲得某種自由，可以自由重訪過去，自由重組現在，自由預測種種未來可能性。**人之所以為人的獨特之處，就是來自於想像力。**想像力催生了語言、藝術、科學、哲學，以及浩瀚繽紛的人類文化。以下就以宇宙天體的大小為例子，來說明想像力。

大小重要嗎？

生命的目的是什麼？這又是個好問題，但其他生物似乎都不以為意，只有人類深深為之所苦。英國哲學家羅素（Bertrand Russell）將這個問題分成三個層次，一針見血，值得反覆思量：「人類究竟是像天文學家眼中所見，不過是一塊含有雜質的碳水化合物，在微小得不足掛齒的星球上無奈爬行？或者如哈姆雷特眼中所見？抑或兩者皆是？」

羅素的三個問號，直指西方哲學的困境（東方哲學不盡然如此）。生命果真純屬偶然，也毫無意義？或是如同莎士比亞的偉大悲劇英雄所看到的那般深刻又神祕？我們稍後再討論哈姆雷特，先確認一下大家居住的星球是否微小得不足掛齒。

多年以來，哈伯望遠鏡已將成千上萬的燦爛星系影像從遠處傳回地球，包含銀河、白矮星、黑洞、星雲、脈衝星。我們都看過景觀壯麗的紀錄片描述太空旅行的實況或幻想，其中充斥著數十億光年、無窮的距離等等超越我們理解範圍的統計數字。此外，我們也了解宇宙的浩瀚，以及地球相較之下的渺小。

究竟多麼渺小呢？

我們很難清楚的認識，因為行星就和其他所有東西一樣，「大小」是相對的。地球與其他天體的距離如此遙遠，確實不容易找到比較基礎。

因此我很高興找到幾張有用的圖片，可以幫助我們了解地球的相對尺寸。有人想到一個聰明的辦法，直接去掉距離因素，將地球與其他行星統統請出來排排站好，拍個團體照。行星之間的比例於是清楚許多，結果也相當令人驚奇。以下是第一張圖片：

這就是地球跟隔壁鄰居坐在一起的模樣。看起來挺稱頭，跟火星與水星比起來更是有面子。這樣我就比較不擔心被火星人攻擊了，我會說，你們有種就來吧！至於冥王星，它已經從行星的行列被除名了，這張照片正好說明了原因。我們當初在想什麼？說它是石頭都有點勉強！

現在把距離拉遠一點。這一幕可就有點喪氣了，以下是地球與太陽系裡的大朋友：

跟天王星、海王星相比，地球看來就不像剛才那麼起眼，在土星、木星旁邊當然更嚴重。冥王星在這裡簡直成了宇宙的恥辱，我們還算挺得住，起碼還看得見。

你大概知道故事還沒說完吧？

我們知道地球跟太陽比起來一定很小，但有多小呢？就像這樣：

在這張圖片上，地球就像葡萄子，冥王星也可以下台一鞠躬了。

但是，即便太陽在這兒顯得如此龐大，在宇宙中卻遠遠稱不上是巨人。

土星的大小約是一像素單位，地球則已無法辨識。

我們再站遠一點，景象也再度丕變。無論你多麼崇拜太陽，都改變不了這個事實。

地球在這裡已經完全消失，太陽也幾乎只是顆綠豆。即便在這個階段，我們較量的對手也只是宇宙中比較小、比較近的天體。

請繼續看著大角星，同時站得更遠一些，將參宿四與心宿二也納入視線範圍（如下頁圖示）。

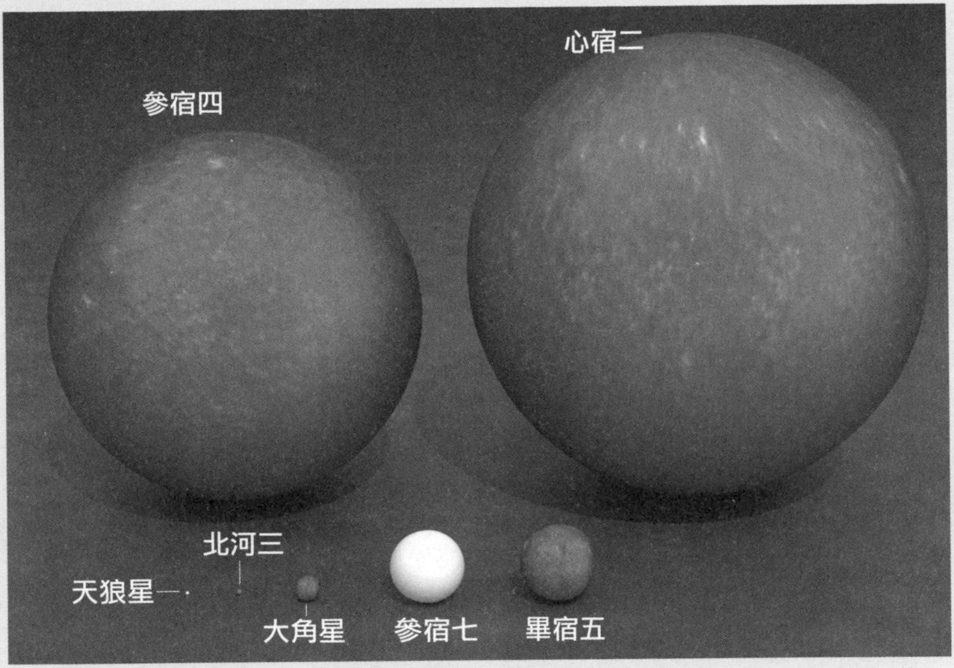

太陽的大小約是一像素單位，土星已無法辨識。

在這裡，太陽就如同一粒沙子，大角星則像小金桔。附帶一提，心宿二是亮度排名十五的恆星，距離我們一千光年之遙，按照天文學家的口氣，應該是「只有」一千光年。你應該知道，一光年就是光行進一年的距離，相當遠。所以，一千光年聽來很了不起，但在銀河眼裡實在不算什麼。要不就跟下一張圖片比較一下吧！這是哈伯望遠鏡拍攝的影像。

下頁是麥哲倫星雲，是距離太陽系最近的星系之一。科學家估算麥哲倫星雲大約在十七萬光年之外，以這個比例來說，幾乎不可能想像地球的大小，簡直小得可憐，小得超乎想像，小得幾乎感覺不到它的存在。

然而……

你還是可以從中得到一些正面意義，例如看事情的角度。說真的，不論你今天一早睜眼就開始憂心什麼事，看開一點吧！就宇宙規模而言，那到底有多重要？請放寬心，往前看吧！

此外還有另一層意義。乍看之下，這些圖片或許都肯定了羅素的第一個問號，我們依附的星球顯然微不足道。但故事並非到此為止，人類或許又小又卑微，但是，在所有的地球物種、甚至是人類已知領域的所有物種之中，人類依然出類拔萃，因為我們有能力知道自己渺小。

因為某個人的想像力，才產生了這些圖片，也是因為想像力，我才能依據這些圖片撰文出書，各位也才能了解我的文字。事實指出，身為人類的我們，創造了羅素提到的哈姆雷特，也創造了莫札特的C小調彌撒、伊斯坦堡的藍色清真寺、梵諦岡西斯汀禮拜堂、文藝復興、拉斯維加斯、絲路、葉慈的詩、契訶夫的劇作、藍調、搖滾、嬉哈、相對論、量子力學、工業主義、辛普森家庭、數位技術、哈伯望遠鏡，以及燦爛如繁星的人類成就與理想。

我無意斷定其他地球生物都沒有其他形式的想像力，但顯然遠不及人類想像力展現的豐富多樣。其他生物也能彼此溝通，但牠們沒有筆記型電腦。牠們能歌唱，但無法製作音樂劇。牠們的動作或許敏捷，但無法創造太陽馬戲團。牠們也有憂心的時候，但無法論述生命的意義，或是在閒暇之餘啜飲威士忌，聆聽爵士小號大師戴維斯的音樂，也不會聚在一起研究哈伯望遠鏡拍攝的影像，試圖釐清宇宙對自己和其他物種到底有什麼意義。

這個小行星上的人類與其他生物之間，為何在思想與行為上存在著如此的鴻溝？我認為基本原因就是想像力，但真正的原因還在於人腦演化之精密、功能之靈活。**因為人類才智的靈活多變，才能衍生豐富驚人的創造力。你的創造能量將引領你不斷思考自己的生命與境遇，並踏上通往天命的途徑。**

創造力之萬能

想像力並不等同於創造力，創造力可以將想像的過程提升到更高的層次。我認為**創造力就是「發明有價值的原創巧思」**。想像力有時完全是內心活動，你可以一整天沉浸於想像，卻不被他人發現。若沒有任何實際行動，就不可能被認為具有創造力。你必須將想像付諸行動，才能創造新的東西，或是提出新的辦法來解決問題，甚至提出新的問題。

你可以把創造力視為「應用想像力」。

創造力可以發揮在任何領域，任何需要運用智力的領域——音樂、舞蹈、劇場、數學、

科學、商業、人際關係。因為人類的才智如此美好而多元，才能夠以各種奇妙的方式發揮創意。以下是兩個南轅北轍的例子。

前披頭四團員喬治．哈里遜在一九八八年推出個人專輯，其中一首主打歌是〈這就是愛〉，哈里遜與唱片公司都認為這首歌會紅。那個年代還沒發明網路下載，歌手在專輯之外也推出單曲唱片，並且在單曲的背面再另外放一首專輯中沒有的歌，當作是送給消費者的附加價值，但當時的哈里遜正缺少一首可以放在單曲背面的歌。不過，哈里遜此時住在洛杉磯，時常跟鮑伯．狄倫、羅依．奧比森（Roy Orbison）、湯姆．佩蒂（Tom Petty）、傑夫．林恩（Jeff Lynne）在一起。

哈里遜作好歌曲架構時，剛好碰到林恩跟奧比森在一起合作，於是便邀請狄倫與佩蒂加入，一起合唱副歌。就是這樣輕鬆偶然的背景，加上錄製單曲背面也沒什麼壓力，這五位搖滾傳奇人物創造了〈小心輕放〉，成為哈里遜離開披頭四之後最令人難忘的歌曲。

幾天之後，哈里遜讓華納兄弟唱片公司的總裁歐斯汀（Mo Ostin），以及藝人經紀與版權主管瓦蓉克（Lenny Waronker）聽這首歌。他們一時啞口無言，不只是因為歌曲太好聽，不該是單曲背面，而且五人的合音如此悅耳，其精采程度自然需要更大的舞台。歐斯汀與瓦蓉克建議由五個人錄製一整張專輯，哈里遜對這個點子很有興趣，便將訊息傳達給其他人。

這當中有些行程的問題得解決，狄倫兩個星期內就要開始長途巡迴演唱，在這之後也找不到時間聚集所有人。他們於是決定盡全力利用狄倫出發前的時間，借用朋友的錄音室錄製整張專輯的歌曲。他們無法耗費幾個月專心寫曲，不能錄製十幾個版本以供選擇，也沒時間針對某一段吉他演奏傷腦筋，只能仰賴天賦的能量，結合五位歌手獨特的嗓音，激盪出創意火花。

他們就這麼協力創作，各自貢獻和聲、吉他演奏、編曲，也相互支援、彼此鼓勵。最重要的是，他們度過了一段愉快的時光。最後的錄音既帶有即興意味，聽似當場隨興演出，也無疑是經典之作。為了配合這張專輯輕鬆悠閒的風格，他們決定壓低個人明星光芒，將這個臨時樂團命名為「漂泊合唱團」（Traveling Wilburys）。這張專輯銷售了五百萬張，也產生多首暢銷單曲，包含〈小心輕放〉。《滾石》雜誌還將這張創作納入「史上最佳一百張專輯」之一。我認為這個例子清楚示範了創造力的實際運作過程。

以下的例子卻又大異其趣。

一九六〇年代初期，在美國康乃爾大學的餐廳裡，一位不知名的學生把餐盤拋向空中。我們不知道這個學生或餐盤的結局，他也許帶著笑容接住盤子，或任由盤子在地上摔碎，無論結局如何，這個狀況都沒什麼稀奇，稀奇的是那個在一旁觀察的人。

費曼（Richard Feynman）是美國物理學家，二十世紀公認的天才，著名的突破性研究跨越數個領域，包含量子電動力學與奈米技術。他是機智幽默、廣受景仰的當代科學家，也會表演戲法、畫畫，喜歡惡作劇，還是熱情洋溢的爵士樂手，特別熱中曼波鼓（一種古巴黑人打擊樂器）。費曼這位一九六五年的諾貝爾物理獎得主表示，獲獎的部分原因就是那個飛向空中的盤子。費曼說：

那天下午，我正吃著午餐，有個學生在餐廳裡丟盤子，那盤子上有個藍色徽章，就是康乃爾校徽，盤子飛起又落下，藍徽章也跟著轉動。在我眼中看來，藍徽章的轉速似乎比盤子搖晃的速度更快，於是我開始思考這兩者之間的關係。我只是覺得好玩，一點也不認為有多重要，但我玩著旋轉物體的運動方程式，卻發現如果盤子只是小幅搖晃，藍徽章的轉速可以高出兩倍之多。

費曼把想法寫在餐巾紙上，吃完午餐後又繼續上課。一段時間之後，他再看看餐巾紙，繼續玩這個粗略記下的概念。

我開始研究旋轉，並延伸到類似的課題，也就是狄拉克方程式的電子自旋，而後又被帶回量子電動力學，那是我當時的研究主題。我繼續用之前的輕鬆心情玩這些問題，但就像你拔出瓶子的軟木塞之後，瓶裡的東西就會嘩啦嘩啦倒出來。不久之後，我就做出成果，因此得到諾貝爾獎。

唱片和電子的共通點除了都會旋轉之外，還有什麼可以幫助我們了解創造力的本質？其實不少呢！

創作的動態過程

創造力最能夠反映智力的動態本質，當你發揮創造力之際，幾乎得運用到身心的所有部位。

容我先粗略點出一項差異。我先前談過，許多人自認缺乏創造力，只是因為他們不知道究竟何謂創造力，這個論點可從兩方面佐證。第一，創意思考有一般性的技巧與方法，每個人都能學會，並運用在任何狀況中。這些技巧可以幫助你發想新的創意、分辨其中的優劣，並且將阻礙新思維的因素移除，尤其是團體中的思想障礙。我此處所說的是整體性的創造力，後續有關教育的章節將再進一步討論。我希望在本章討論的範疇是個人的創造力，就某些角度而言，兩者差異極大。

林枸、漂泊合唱團、費曼，以及本書中的許多人物都極富創造力，且獨樹一格。他們各屬不同領域，卻同樣受到體內熱情與天賦異稟的驅動，因而找到熱愛的工作，並發掘工作上的特殊才能。他們找到天命歸屬，個人創造力因而更能發揮。我們若能了解創造力的運作方式，便更有助於發揮創造力。

創造力超越了想像力，向前跨了一步。**你必須有實際的作為，而不只是躺著空想。創造力是非常實際的過程，你在過程中做出屬於你獨創的東西**，也許是歌曲、理論、洋裝、短篇故事、船，或是義大利麵的獨家醬料，無論是什麼，其中都有某些共通特性。

第一，創造必定是一個過程。有時候，創意在產生之際已經完美無瑕，但多半的狀況下則是從模糊的想法開始。類似費曼觀察盤子搖晃的感覺，或是哈里遜寫歌的第一個靈感，這些都需要進一步發展才可能成形。創作就像旅途，可能經歷許多階段或碰上意外轉折，可能需要你同時運用多種技能與知識，最後也可能走到一個出發之際完全無法預知的終點。費曼最後獲得了諾貝爾物理獎，但得獎的憑證可不是他一邊吃午餐、一邊隨手塗鴉的那張餐巾紙。

創造力包含幾個不同的過程，彼此相互交錯。你先是發想新點子、想像其他的可能性，並考量各種選項。你或許是在樂器上玩音符、畫草稿、記錄某些想法，或是操作某個物體或自己的身體。創造的過程也必須評估各個不同的想法，決定哪一個想法最行得通，或是感覺最好。不論是寫歌、繪畫、發展數學理論、專題攝影、寫書，或設計衣服，這兩個過程——發想與評估——都有其必要性，但不一定按照你預期的順序發生，而可能交錯進行。例如，某個作品的發想可能占據較多精力，一直到後面的階段才開始進行評估。**但整體而言，創作必定是在發想、篩選與精進之間取得微妙的平衡。**

創造就是生產，所以必須透過媒介才能展現創意。媒介的種類並無限制，漂泊合唱團的媒介是嗓音與吉他，費曼的媒介是數學，林枸多半使用顏料與布，有時也透過文字與音樂。創作的過程也需要同時探索其他天賦，才能產生獨創的作品。金獎導演雷利・史考特（Ridley Scott）曾拍過的賣座片包含「神鬼戰士」、「銀翼殺手」、「異形」、「末路狂花」，他的電影畫面展現截然不同的意象，原因就是他所接受的藝術訓練。他告訴我：

我是學美術出身的，因此拍片的時候有非常具體的想法。別人常說我有獨特的視角，我從沒想太多，但老是有人說我拍得太漂亮、太美、太這樣、太那樣。我逐漸意識到這是一種優點。我的第一部電影「決鬥的人」就被批評為「太美」，有個影評人指控我「濫用濾鏡」。但我沒有使用濾鏡，那個「濾鏡」其實是下了五十九天的毛毛雨，我想他看到的應該是我對法國地景的視角。在拿破崙時代，最好的攝影師應該就是畫家，所以我研究拿破崙出征俄羅斯的慘烈戰役，觀察俄羅斯畫家描繪拿破崙上前線的景象。很多十九世紀的偉大畫作說穿了就只是攝影作品，我吸收這些畫面，並且運用在電影裡。

從事創意工作的人通常有個共通點，他們都熱愛自己運用的媒介。音樂家熱愛自己創造的聲音，作家熱愛文字，舞蹈家熱愛肢體運動，數學家熱愛數字，企業家熱愛交易，偉大的教師熱愛教學。因此，**對工作懷抱熱情的人，並不像一般人那樣把工作視為勞務；他們之所以工作，是因為他們喜歡工作，並且在工作中找到天命歸屬。**

因此費曼對運算方程式的說法是「只是為了好玩」，他說自己用「輕鬆的心情」去「玩」這些概念，漂泊合唱團抱著「試試看」的態度，在一起享受創作音樂的樂趣。趣味並非創作的主要成分，許多創意先鋒的工作可沒有一絲玩笑成分。但**有時我們一邊玩笑，一邊探索創意，卻最能敞開心胸，接受新思維**。創造過程也可能出現沮喪、困難、死胡同，甚至傑出的創意人士也認為部分過程的確困難重重，令人大感煎熬。但在某個時間點，當你「弄對了」，也總能獲得極高的成就感。

本書中訪問的人士幾乎都自認很幸運，能夠找到熱愛的工作。某些人甚至是一見鍾情，也因此把找到天命的那一刻稱為頓悟。你若找到可以激發想像力的媒介，而且你也樂於探索與從事，或許就能因而釋放體內的創意能量。歷史上有很多人都是因為找到了可以幫助自己思考的媒介，才終於有機會展現真正的創造力。在我的經驗中，許多人之所以自認缺乏創造力，就是因為尚未尋得適當媒介。至於其他因素，包含幸運與否的問題，且留待後續討論，現在先進一步探討你選用的媒介何以與創造力息息相關。

不同的媒介可以協助你做不同的思考。我的設計師好朋友伊根（Nick Egan）最近送了兩幅作品給內人與我，因為我在公開演說中的幾句話曾經深深感動了伊根，第一句話是：「**沒有出錯的準備，原創性就無從出頭。**」第二句是：「優質教育取決於優質教學工作。」這兩個理念都十分正確，因此我才會到處宣揚。伊根聽了之後不斷反覆思考，並想到他在倫敦長大並成為藝術家的過程中，這些概念曾對他的生命產生什麼影響，所以決定以此為概念，耗費數週的工作時間作畫。

這兩幅作品分別傳達上述兩個理念，透過視覺方式表達得更是傳神。兩幅畫都是強烈的意象，蘊含著幾乎可說渾沌原始的能量。其中一幅的主色調是黑色，一半的畫面以塗鴉繪畫的風格在顏料上刮出潦草的文字。另一幅主要以白色為背景，使用向下滴落的黑色顏料呈現童稚筆跡的文字，配合一個醒目的臉龐，漫畫似的風格大約介於洞穴繪畫與兒童繪畫之間。

乍看之下，畫風似乎既匆忙又混亂。但仔細觀察之後，卻發覺畫布上潛藏了一層又一層的意象，是畫家仔細建構，使之相互交疊的結果，因而賦予畫作實際的深度。每一個層次，畫家都運用色彩與筆觸製造繁複的質感，愈深入觀賞，便愈能感受到躍動的活力。這些錯綜複雜的因素結合為一，傳達了簡樸的概念，以及即將爆發的能量。

我的語言雖是畫作的靈感來源，但我卻不可能畫出這些作品。伊根是設計師，也是視覺藝術家，對視覺工作既有天分亦有熱情。他能夠敏銳感受到線條、色彩、形狀、質感，以及這些元素如何交織形成新穎的創意。透過顏料、粉筆、蠟筆、版畫技術、軟片、數位影像等豐富的視覺媒介與材料，他便能探索並展現創意。他為每個作品選用的材料，也都會幫助他塑造創意，並影響創作的方式。**在你想要傳達的概念，以及你選用的媒介之間，創造力就在兩者之間來回對話。**伊根最後送給我們的作品，與創作起點已經有相當的距離。作品風貌隨著創作過程而演進，作者亟欲表達的概念，也隨著畫作逐漸成形而更加清晰。

不同媒介所展現的創意，歷歷指出人類才智與思想的豐富多元。費曼也有很好的視覺想像力，但他的目標並非畫一幅電子畫，而是以數學為工具，研究電子活動的科學理論。他思考的對象是電子，方式則是數學。沒有數學，他就無法進行思考。漂泊合唱團思考的對象是愛與感情、生與死，還有所有教人傷腦筋的東西，但他們並不想撰寫心理學教科書，而是透過音樂來思考這些課題。他們發想音樂創意，音樂就是他們的作品。

你之所以必須了解媒介的角色，還有另一個原因。為了開發創作能力，你必須培養運用媒介的實際技巧，而且方法必須正確。很多人已經永遠被拒絕在數學的大門之外，只因為不曾有人引領他們看到數學在創造上的可能性；不消說，我就是其中之一。老師讓我看到的數學總是沒完沒了的難題，而且答案其實都已經存在，我只有兩條路可走：答對或答錯。但是，費曼眼中的數學並非如此。

同樣地，許多人小時候長時間練習鋼琴或吉他，長大後卻再也不想看到任何樂器，只因為過去的經驗一成不變、太過無聊。許多人自認缺乏數學或音樂天分，但很可能只是因為老師教學的方法或時間不對罷了。這些人或許應該再給自己一次機會，或許我也應該……。

創意思考涵蓋身心靈

創意思考絕非像西方世界（特別是教育）對智力的觀念那樣，只包含邏輯性、線性的思考。大腦額葉的功能包含重要的思考能力，左半腦則主要負責邏輯思考與分析，但創意思考運用到的範圍通常更大於腦部的前端與左半邊。

所謂創意，就是在既有事物之間發覺新的關連；事物不曾改變，你看待它們的方式與角度卻已不同。至於邏輯與線性思考，則是透過一系列規則與慣例，從一個概念前進到另一個概念，一旦出現不合邏輯的步驟，就必須剔除。A加B若等於C，就可以推算C加B等於什麼，一般智商測驗的內容都是此類的思考能力。但邏輯規則或線性思考不見得能用於創意思考，事實上正好相反。

創意通常來自於非線性的思考，你過去不曾注意，如今卻發現了事物之間的關連性與相似性。創意思考主要仰賴擴散思考或水平思考，特別是透過隱喻或類比。就是這種方式的思考，讓費曼看到搖晃的餐盤與電子自旋的關係。哈里遜的〈小心輕放〉，也是他從包裝箱上的標籤獲得靈感，因而寫出來的歌曲。

我並非認為創造力與邏輯思考完全相反。邏輯規則當中仍有寬廣的空間可以容納創意與即興創作，其他受到規則限制的領域也一樣。試想西洋棋、體育競賽、詩、舞蹈、音樂都有嚴格的規範，卻同樣充滿創意。創作過程的某些階段裡，邏輯也可能扮演吃重角色，端看你從事的活動類型而定。特別是你評估新概念的時候，正須進行邏輯思考，才能判斷你的概念是否符合或違逆已知理論。即便如此，**創意思考的範圍依然遠遠超越線性與邏輯思維，涵蓋**

了身體與心靈的所有面向。

大腦左右半邊各有不同功能，這是廣為接受的事實。左半腦主掌邏輯與循序推理，例如語言、數學思考。右半腦主要是辨識模式與面貌、視覺感知、空間感，以及運動方向。然而，左右腦並非各自獨立運作。如果你看過大腦運作過程的影像，即顯示各部位之間互動非常頻繁。就像身體一樣，各個功能彼此息息相關。

雙腳負責跑步，但光有雙腳說實在也跑不動。我們演奏或欣賞音樂時，大腦各個部位都一起運作，不論是較後期演化的大腦皮層，或是歷史悠久一些的腦幹，以及大腦的其他部位，都必須與身體其他部位協同合作。當然，每個人大腦各部位的功用與能量都有強弱之差。但就像手腳的肌肉，這些能量也可以強化或減弱，就看我們如何分別或共同訓練這些肌肉。

順帶一提，近期研究結果指出，女性大腦的互動頻率可能高於男性大腦。雖然還不是定論，但也讓我聯想到西方哲學教授經常請大一學生辯論的古老課題——「人類對世界的知識與感官之間的差異」。主要辯論重點是，若不能透過感官取得直接證據，能否確知某事為真。最常用的例子是：「森林裡的一棵樹倒下，但附近並沒有人聽見聲響，那麼樹倒的時候到底有沒有發出聲音？」我過去曾經教授哲學課，學生跟我可以針對這種問題來回熱烈辯論，持續數週之久。至於答案，我想應該是：「別鬧了！當然有發出聲音。」不過我已經拿到終生教職，所以一點也不急著結束辯論。最近的一趟舊金山之行也讓我再度想到這個課題，我在露天市場閒逛的時候，看見一個人身上的T恤寫著：「男人在森林裡說了真心話，但沒有女人聽見。他還是一樣該死嗎？」可能吧！

無論男女的日常思緒有多大差異，創造力都是動態的過程，必須同時運用多種思考方式。舞蹈是身體的律動，音樂是以聲音為基礎的藝術形式。但在許多舞者與音樂家的表演中，數學卻是不可或缺的成分。科學家與數學家也常需運用視覺思考，才能在腦中模擬、檢驗自己的概念。

發揮創造力不能只靠大腦。演奏樂器、創造影像、建構物體、表演舞蹈，或是其他創作形式，都是在感情與直覺、手與眼、身與心的完美協調之下，才能完成的密集肢體動作。甚至，諸如舞蹈、歌唱等等眾多表演領域，表演者完全不需要外在媒介，因為人體就是展現創意的媒介。

創造的過程也深入到你的直覺與潛意識、心靈與情感。你是否曾經忘記別人的名字，或是曾經去過的地方？不論怎麼努力想，就是無法喚回記憶，而且愈用力想，就愈沒有頭緒。當下最好的做法就是放棄，暫時「拋到腦後」。一段時間之後，這些名字可能就在你毫無預期的狀況下，突然出現在腦中。這種現象正是因為除了有意識、刻意的思考之外，人腦還有更大的能量，在紛擾吵雜的表面之下，深藏著記憶與聯想、情感與覺知，就在你無意識的狀態下，你的生活經驗已經被整理好，歸入記憶之中。所以在創造過程中，你有時需要運用意識，有時卻需要讓種種想法暫時發酵一段時間，放手任由腦海深處進行下意識的反芻。而後，你遍尋不得的概念可能突然浮現，就像「拔出瓶子的軟木塞」。

個別差異，激發集體創意

當你看清創意思考的動態本質之後，將更能了解漂泊合唱團這種傑出創意團體的創作過程。**他們之所以成功，並非因為團員的思考模式一致，反而是因為他們各不相同，各有獨特的天賦、興趣、音樂風格，卻能在合作過程中，讓個別差異激發彼此的靈感。**若各別獨立發揮，反而無法做出當時的成果。因此，創造力的來源可能不限於自己，你還能擷取廣大世界中，所有他人的思想與價值。之前關於開發創造力的所有討論，也在此處晉升到另一個層次。

我們再回到莎士比亞的劇作「哈姆雷特」。因為父王的死以及母后與叔叔的背叛，丹麥王子哈姆雷特被激烈翻騰的情緒撕裂，在整齣戲劇中反覆煎熬，思考著生與死、忠誠與背叛，以及自己在浩瀚宇宙中究竟有何重要性。面對吞噬心靈的種種事變，他困頓掙扎，希望釐清自己究竟該抱持怎樣的觀點與感覺。故事開始不久，哈姆雷特現身歡迎兩位丹麥宮廷的訪客，羅增侃與紀思騰，說了以下歡迎辭：

我的好友！你們好嗎，紀思騰？啊，還有羅增侃？
好朋友，你們兩位都好嗎？
你們在幸運之神的手中闖了什麼禍，以致被發落到這監牢裡？

紀思騰聞言十分訝異，他問哈姆雷特所說的「監牢」是什麼。哈姆雷特說：「丹麥就是個監牢。」羅增侃笑笑說：「若是如此，整個世界也就是監牢。」哈姆雷特認同他的說法，並說：「是個寬敞的監牢，其中有許多監所、牢房，以及禁閉土牢，丹麥就是其中最糟的一處。」羅增侃說：「我們可不這麼想，殿下。」哈姆雷特的回答十分深奧：「那麼這對你們而言就不是問題了，世間本無好壞之分，端看個人想法而定。對我來說，丹麥就是個監牢。」

人類的創造力處處可見，就在你使用的技術、居住的建築、穿著的衣物，還有你欣賞的電影。但創造力的深度不僅於此，不但影響到你對世界的貢獻，也影響了你對世界的觀點。也就是說，不只是你在世上做些什麼，還有你如何思考與感覺。

就我們所知的範圍內，人類不同於其他生物種，存在的目的不僅是為了活下去，也長時間討論與思考世上發生的事，希望從中找出意義。這方面的能力，就是來自於想像力的驚人力量。你因而可以透過文字與數字、意象與動作去思考，並創造腦中的理論與手上的藝品，以及關於生命意義的龐雜概念與價值觀。我們並非直觀接受世界的樣貌，而是透過各色文化與個人觀點的特殊思想與信念，去解讀這個世界，好似人類與直觀經驗之間還有一層濾網，過濾出個人的認知與看法。

因為你對自己與世界的獨特看法，才讓你之所以為你，並成就了你的未來。這個概念正是哈姆雷特所說的：「世間本無好壞之分，端看個人想法而定。」不過你隨時可以自由轉換思考模式。你雖已建立某種世界觀，卻仍能自由轉換角度、重新調整立場，然後建構另一番視野。十六世紀的哈姆雷特認為丹麥好比他的監獄，十七世紀的拉夫雷斯（Richard Lovelace）則為愛人寫了一首詩，其中的觀點正好相反。他認為，只要心中還能思念著愛爾希雅，即便是真的監牢，對他來說也是自由國度。他為這首詩做了這樣的結尾：

石牆砌不了監獄，
鐵柵圈不成牢籠；
心如是純真寧靜，
身則若歸隱謐境；
倘賦我愛情自由，
復許以靈魂不羈；
豈不若遨遊天使，
獨享如是之瀟灑。

到了十九世紀，詹姆士（William James）成為開創現代心理學的始祖之一，當時逐漸普遍認為，人類可能因為思考而陷入枷鎖，也有可能因而獲得解放。詹姆士如此解釋：「**人類可以因為心態轉變而使人生轉彎，這真是當代最偉大的發明……只要改變心態，就能改變生命。**」

這就是創意的強大力量所在，也是歸屬於天命之後到達的應許之地。

Chapter

04

忘我的境界

你或許也曾體會到自己「消失」在某個經驗中。
你一開始做自己喜歡的事，
身邊的世界似乎就離你而去。
幾小時過去了，
對你來說好似只有幾分鐘，
這就是你的「神馳狀態」。
處於神馳狀態，
就是以「最優」的方式運用你特殊的才智。

勞倫絲（Ewa Laurance）是全世界名氣最響亮的女撞球選手，她的名號是「震驚維京」，排名世界第一。她曾贏得歐洲與美國全國大賽冠軍，登上《紐約時報》雜誌封面，獲《人物》、《運動畫刊》、《富比世》……等雜誌刊物的報導，還經常出現在電視節目，並擔任ESPN體育頻道的評論員。

勞倫絲在瑞典長大，小時候是哥哥的跟屁蟲，卻因此發現了撞球。

我一天到晚跟好朋友妮娜黏在一塊兒。十四歲的某一天，哥哥和朋友去保齡球場玩，我們兩個人決定跟著去一探究竟。沒多久之後覺得很無聊，發現哥哥他們已經跑到一個叫做撞球室的地方去了。我從沒聽說什麼是撞球，兩個人跟著過去，走進撞球室的那一剎那，我立刻就有感應。我很喜歡整個地方的氣氛，房間昏昏暗暗，每張球桌上面掛著燈，還有撞球清脆的敲擊聲，我立刻像是被催眠似地著迷了。

原來還有這個世界！裡面的每個人都知道撞球，我深深受到吸引。當時我們膽怯又好奇，坐在一旁靜靜觀察。不論你是坐在旁邊觀看，或自己上場，周遭的一切幾乎立刻消失。撞球的世界就是如此，每張球桌都自成舞台，只要一上台，周圍一切便不復存在，我眼中只有球桌。當時我看著打球的人，他們各個推桿若定，我因而了解撞球不只是把球撞得到處跑，然後希望球自己落袋。其中有個人的球不斷落袋，一個接著一個，一口氣進了六十、七十、八十顆球。不知怎地我就懂了。我之所以著迷是因為他們的知識與技巧，就像下棋，你預先部署了三、四步棋，然後一舉成擒。

從頓悟的那一刻起，勞倫絲知道她此生將要投身於撞球。她很幸運能得到父母的支持，允許她每天花六到十個小時在附近的撞球室打球，然後在中間的空檔做學校功課。「那裡的人知道我很認真，所以不會騷擾我，但我們也玩得很開心。如果你找到一個地方，在那裡每個人都跟你有一樣的喜好，就會有很多樂趣在其中了。因為我們都愛撞球，所以這些怪人幾乎都成了我的家人。」

一九八〇年，勞倫絲十六歲，成為瑞典冠軍選手。十七歲贏得第一屆歐洲女子冠軍賽，並受邀代表歐洲到紐約參加世界冠軍賽。「我整個夏天都在練習，撞球室下午五點才開門，所以我每天早上搭巴士往北邊走，到球室主人家裡拿鑰匙，然後再搭巴士回市區，自己開門進去。整個夏天都這樣往返，每天練球十到十二個小時，然後就去紐約參加比賽。我沒有得獎，是第十七名。很遺憾自己沒有表現得更好，但我也意識到：『哇！那等於是全世界第十七名呢！』」

父母雖然不喜歡她遠行，但勞倫絲決定留在紐約繼續追求撞球生涯，她知道在紐約才有機會經常跟全球頂尖的選手打球。除了屢屢獲獎之外，她也成為女性撞球選手的主要發言人。

她的天賦、熱情，以及驚人的美貌，讓她成為媒體明星，也因而推廣了她熱愛的撞球。勞倫絲站上顛峰，名聲與財富也隨之而來，但對她而言，最大的動力來源依然是撞球本身。

我對身邊正在發生的一切幾乎沒有意識，這真是非常奇怪的感覺；就像站在隧道中，你看不到其他任何東西，只看到自己正在做的事。時間的感覺也改變了，別人問你做了多久，你說二十分鐘，但事實上卻是九小時。我弄不懂，其他事情不曾給我這樣的體驗，我也無法在撞球之外再找到這種感覺。我的嗜好其實很多，但打撞球的感覺絕對是獨一無二。

撞球之所以美妙，部分原因是你可以從中學到很多，而且永無止境。每一局球都不同，你永遠不會失去興趣。我非常喜歡其中的物理學與幾何學，你得設法研究、了解角度的問題，設法知道你可以推得多遠，才能改變角度，讓母球往你想要的方向跑。你同時也學到種種的限制因素與可能性，你可以精準控制母球前進兩吋半，而非三吋，那是很奇妙的感覺。

所以你不是跟其中的因素對抗，而是設法跟這些因素合作。

我對幾何學或物理學沒有興趣，也不擅長，但不知為何，卻能在球局中看出很多道理。我掃瞄球桌，真的可以看到上面所有的線條與圖像，我能看到「一號球推到這，二號球往那裡去，三號在這裡落袋，四號得走三顆星，六號落在這裡，還有七、八、九號也都沒問題，這樣就成了」。我看到它們都排好了隊，但如果一個球打得有一點偏差，突然之間，腦子裡就跳出另一個全新的布局，因為你的位置跟原先的盤算不同，所以得解決問題。你差了六吋，因此現在得整個重新規劃。

以前上學的時候不太在意幾何學，如果當時換個老師可能結果就會不同，也許老師只是說：「勞倫絲，妳可以這樣思考。」或說：「用這種方式來看，妳就會懂了。」或者老師也可以把全班同學帶到撞球室，然後說：「你們看！」但我上的課就是很無聊，連保持清醒都很困難。現在當我幫別人上課，我會盡快了解學生，他們雙手跟眼睛之間有沒有協調性？只是愛打球，或是對球局的幾何與物理因素也有興趣？有沒有數學天分……等等。

勞倫絲進入撞球職業生涯差不多三十年了，卻依然保有撞球帶給她的動力。「即便經過這麼多年，我做示範賽的時候還是會緊張。**別人說：『妳已經身經百戰了呀！』但重點不是**

這個，而是當下那一刻。」

撞球讓勞倫絲進入「神馳狀態」，讓她與天命正面相對。

神馳狀態

進入神馳狀態就是進入天命深處的核心。當你從事自己喜愛的工作，也許包含了各式各樣與天命息息相關的活動，例如研究、組織、安排、暖身等等，但都不是天命的本質。即便是你喜愛的工作，也可能有沮喪、失望，或是碰上力不從心、徒勞無功的時候。**但是，當你終於心手合一，你的天命體驗立刻轉化，讓你變得心無旁騖、專心致志，能夠活在當下，浸淫在當下的經驗之中，以你的最佳狀態發揮所長。你的呼吸方式改變了，身心融合為一，似乎身輕如燕地被吸入了天命的中心。**

索爾金（Aaron Sorkin）是位劇作家，作品包含兩部百老匯劇作：「軍官與魔鬼」與「法恩斯沃斯的發明」，三齣電視劇：「運動之夜」、「白宮風雲」、「60號攝影棚 Live 秀」，五部電影：「軍官與魔鬼」、「體熱邊緣」、「白宮夜未眠」、「蓋世奇才」，以及「芝加哥七人審判」，他屢獲各種獎項提名，包含十三項艾美獎、八項金球獎，以及奧斯卡金像獎的最佳影片。

索爾金告訴我：

我從沒打算要寫作，一直以為自己會成為演員，大學也是主修表演。我非常熱情，高中很窮的時候，我坐地鐵進紐約市中心，在劇院外面等候下半場空出來的位子，然後在中場休息時間溜進去。我也有機會做玩票性質的寫作，但老是覺得很辛苦。我曾經幫大學的一場聚會寫過短劇，當時的老師莫西斯（Gerard Moses）還跟我說：「如果你想，你可以靠這個維生。」但我沒聽懂他的意思，心想：「靠什麼呀？」然後也沒再多想。

畢業之後幾個月，我有個朋友要遠行，託我保管他祖父的古董打字機。當時我住在紐約上城東邊，就睡在朋友的小公寓地板上，租金一星期五十塊美金。我在兒童劇場工作過一段時間，也做過肥皂劇。當時是一九八四年，我正在到處試鏡。

有個週末，所有朋友都剛好不在。當時的感覺就好像每個紐約人都跑趴去了，只有你自己在星期五晚上一個人孤伶伶。我身無分文，電視劇也沒搞頭，手邊能做的事情，就只有在紙上塗鴉、玩玩那台打字機。所以我坐在打字機前，從晚上九點寫到隔天，然後就愛上了這一切。

我發現過去那許多年的表演課、坐地鐵去看劇場表演，其實都跟表演無關，我為的其實是劇作本身。我一直是個自以為了不起的演員，從沒當過壁花，那天晚上之前，我從沒想過寫作這件事。

我的第一部作品是齣獨幕劇，叫做「影片背後」（Hidden in This Picture），觀眾和劇評的反應都很好。後來，我從律師妹妹那裡聽說一個發生在關塔納摩灣（Guantanamo Bay）的案件，幾個陸戰隊員被控謀殺同僚。我對這個故事很感興趣，花了一年半的時間寫成舞台劇「軍官與魔鬼」。

這個劇本在百老匯上演期間，我記得和莫西斯老師有這樣的對話。我打電話問他：「這就是你當初的意思嗎？」

我請索爾金談談寫作的感覺，他說：

寫得順利的時候，我感覺自己就消失在寫作過程中。不順的時候，就一直急著想要找到靈感，打著手電筒死命尋找通路。我不知道其他作家是什麼情況，但我就好像是個開關，只要筆下的東西順利，一切就跟著順利起來，生命中的障礙也似乎都在掌控之中。如果寫得不順利，就算是美國小姐穿著泳裝把諾貝爾獎頒給我，我也不會開心。

從事你喜愛的工作，也不保證你一直都能進入神馳狀態，萬一心情不對，或時間不對，靈感就是無法湧現。有些人會建立一套個人儀式，藉此進入神馳狀態，但不見得一定有效。我問索爾金是否也有類似的做法，他說沒有，還說：「如果有就好了。」不過，他卻懂得在什麼時候該放過自己。

不順利的時候，我就暫時離開，隔一、兩天再繼續。這種時候會做的事就是開車，放上音樂隨處開車，找個不需要太費神看路的地方，例如高速公路就不會一直碰到紅燈或一直轉彎。我不做的事情，就是看別人的電影、電視劇或劇本，然後擔心別人寫得多好。這樣只會讓我更沮喪，或是想模仿。

順利的寫作過程常令索爾金完全沉醉其中。「寫作對我來說是相當耗體力的活動，我得扮演其中的所有角色，不停起身又回到書桌前，或是到處踱步。過程順利的時候，你就看到我在房子裡到處跑，跑到離書桌很遠的地方，你可以說我在寫作，但我卻沒有寫半個字。之後我會回到稿頁上，把剛才做的事實際打成文字。」

就像索爾金終於與寫作搭上線的感覺，你或許也曾體會到自己「消失」在某個經驗中。

你一開始做自己喜歡的事，身邊的世界似乎就離你而去。幾小時過去了，對你來說好似只有幾分鐘，這就是你的「神馳狀態」。**擁抱天命的人經常處於這種狀態，並不是說他們一旦從事熱愛的工作，就時時刻刻開心至極，但他們經常獲得無與倫比的美好體驗，也知道自己在未來依然能時常享受這種快樂。**

每個人都以不同的方式進入神馳狀態。有些人得透過激烈的肢體運動、挑戰體能極限的體育、冒險、競爭，甚至是危險的感受。有些人則從事看似靜態的活動，例如寫作、繪畫、數學、冥想，以及其他激烈的思考活動。就如先前所說的，一個人並非只能擁抱一種天命，通往神馳狀態的道路也不僅一條。我們一生中可能有不同的天命體驗，但是，這個神妙境地的體驗，確實有某些共通之處。

找到讓你忘我的事

歸屬天命，有跡可循，最明顯的就是自由與踏實的感受。當你從事自己熱愛又擅長的工作，才可能覺得活出了真實的自我，成為你理想中的自己。你覺得自己做著天生該做的事，也成為你天生該成為的人，這就是歸屬於天命的狀態。

在神馳狀態中，你對時間的感覺也將不同。你內心深處的喜好與天生能量接軌，時間的轉速似乎更快、更流暢。勞倫絲的九小時就像二十分鐘，但若是自己不喜歡的工作，二十分鐘便反過來像九小時。我們都有過這種難熬的感受，這時你不但處在神馳狀態之外，甚至愈行愈遠。

對我而言，這種時間轉速的改變（變快）正是我跟他人互動的時候，尤其是在演講當中。當我專心在眾人面前探索或說明某些概念，時間就前進得更快、更流暢。無論聽眾是十、二十人，或幾千人，感覺都一樣。剛開始的五到十分鐘，我會設法探測空中的能量，試圖掌握正確的頻率。這幾分鐘或許過得比較慢，不過，一旦與聽眾建立連線，我也旋即轉換到高速檔。當我掌握了空氣中的脈動，立刻感受到不同的能量；我想，聽眾那一方應該也是如此。自此，這股能量便承載著我們，以更高的速率向前進入另一個空間。這種時候，當我回神看看時鐘，便會發覺一個小時已然消逝。

熟悉天命體驗的人還有另一個共通點，就是感覺到自己進入「形而上」的境界。創意來得更是快速，好似你釋放了一股泉源，因而更容易完成工作。你天生的才能已經完全融入了工作的程序，以及你的實作中，工作的進行也因此更順暢。**你確切感受到創意一湧而出，你彷彿是個通道，你是創意的工具，既能協助創意的通行，也似乎不費吹灰之力就能接近創意。**搖滾名人堂的艾力・克萊普頓（Eric Clapton）是這麼說的：「就像與時間融合，感覺棒極了。」

不論是戲劇、舞蹈、音樂或體育，各種表演型態都能讓你見證或體驗這種昇華。你可以看到表演者突然進入另一個境界，你看到他們逐漸放鬆、逐漸自由，讓自己成為藝術的工具。

國際賽車手林特（Jochen Rindt）形容賽車的感覺，他說：「你拋開一切，全神貫注，忘卻周遭世界，與車子、車道合為一體，感覺非常奇特。**你完全從這個世界抽離，又完全與這個世界結合，那真是無與倫比的感受。**」

飛機發明家萊特則如此形容：「就在升空之後的幾分鐘內，你感覺整個機器運作得完美無缺，那種無比的喜悅與激動真是難以形容，超越所有的經驗，是一種無瑕的和平與寧靜，以及每一根神經都撼動至極的興奮之情，你能想像這種混雜的情緒嗎？」

明星運動員莎莉絲（Monica Seles）說：「只要我持續把網球打到最好，也就一直處在神馳狀態。」她也指出：「一旦你開始意識到神馳與否的問題，你就立刻從那個狀態脫離。」

契克森米哈賴（Mihaly Csikszentmihalyi）博士耗費數十年的時間研究人類的正面經驗，包含喜悅、創造力，以及被他稱為「心流」的全然專注。他的劃時代巨作《快樂：從心開始》（*Flow: The Psychology of Optimal Experience*）提出：「精神秩序完全和諧的一種心靈狀態，此時人們追求任何事物，純粹是為了對事物本身的熱愛。」契氏所說的心流（或稱為神馳）狀態，就是：「精神能量（或注意力）投注在實際的目標上，人所擁有的能力也能配合實際發揮的機會。追求目標的過程經常伴隨精神上的秩序，因為你必須集中注意力於眼前的工作，暫時忘卻其他的一切。」

契克森米哈賴博士提出「喜悅的元素」，也就是所謂「最優經驗」的組成元素，其中包含：發揮你的才幹面對挑戰、完全沉浸於某項活動、清晰的目標與收穫、眼前的工作可以讓你專注到忘卻其他一切、自我意識的消失，以及時間感的轉變。契氏在書中提到：「最優經驗的主要特色是，經驗本身就是個人的目標。當初你或許希望透過工作達到某種目的，但你的工作若能令你全神貫注，最後你的成就感反而是來自工作本身。」

這一點非常重要。歸屬於天命，特別是處於神馳狀態，並不會因而消耗你的精力，反而能夠為你注入更多精力。我經常感到好奇，那些政治人物打選仗、長時間辦公，究竟是靠什麼支撐下去？他們在世界各處奔波，長期承受著政績壓力，每次出面都必須做出重大決策，此外，還在外界持續聚焦檢驗之下，過著無法規律的生活。我很好奇，他們為何不會因為疲勞過度而倒下。然而，他們其實從根本上熱愛這種生活，否則也不會投入。讓我疲倦的事情，正是他們的精力來源。

我們熱愛的工作即使消耗了體力，卻讓我們充滿活力。你若從事不喜歡的工作，即便體能狀況處於顛峰，也可能在幾分鐘之內就感到枯竭。這是開啟天命的鑰匙之一，也指出了天命歸屬何以如此重要。當工作引領你進入神馳狀態，你便開啟了最原始的能量源頭，生命的活力將因而更為澎湃。

進入神馳狀態就好似充電，你接收的能量大過於消耗。**能量是生活的動力，這不只是有沒有體力的問題，而是指精神或心靈的能量。**精神能量並非固定的物質，可能隨著熱情與決心增加或減少，最主要的差異就在你的態度，以及你與工作之間是否有共鳴存在。有一首歌是這樣唱的：「就算整夜跳舞也無妨。」（I could have danced all night.）

天命歸屬與心流經驗之所以能帶給你力量，是因為你體內的各種能量已然融合，因為你能鬆開束縛，感覺到你的所作所為都完全符合自己的天性，於是就這麼認識了真正的自我。這是一種深刻的自我歸屬感，讓你能了解內心深處的脈動與能量。

這些「高峰經驗」也伴隨生理上的變化，例如你腦中可能同時釋放腦內啡，身體分泌腎上腺素，腦中的 α 波（平靜放鬆時出現的腦波）可能增加，還有新陳代謝速度、呼吸與心跳的頻率也可能改變。至於你到底會有哪些生理變化，取決於你進入神馳狀態時所從事的活動類型。

無論我們從事什麼活動，神馳狀態都是撼動人心、影響甚劇的經驗。其震撼之深，很可能讓你上癮；但從各方面看來，這都是一種健康的癮頭。

對他人的貢獻

當你找到自己的能量泉源，也就更能夠接受別人的能量。你的生命力愈旺盛，就愈能對其他人的生命做出貢獻。

嬉哈詩人黑冰（Black Ice）相當年輕的時候就了解到，他的語言可以激勵自己與他人的情感。他在一次訪談中說：「當我惹上麻煩，或者高興、害怕的時候，媽媽常要求我用這些不同的主題寫作。我小時候是個輕浮的孩子，開始喜歡小女生之後，還幫朋友寫信。我寫的信比起當時千篇一律的文體要好上許多。長大之後開始接觸口語詩文，我參加了一個詩歌聚會，本來只是為了認識女生，當天是開放麥克風的時間，我這三腳貓亂講一通，觀眾卻給了很多溫暖和支持。我非常驚愕，我是個有侵略性的人，卻沒想到我可以在聚會上用口語詩文的形式，談論大家每日聚集在理容院閒扯的生活點滴。我可以抒發心中的想法，聽眾也了解我。」

黑冰（原名 Lamar Manson）逐漸從早期的表演往更大的舞台發展，連續五季出現在

HBO頻道的「現代詩人」節目中，也是獲得東尼獎的百老匯節目「百老匯現代詩人」當中的主要角色。第一張專輯就由大型唱片公司發行，也曾經在八國高峰會會場外的募款演唱會（Live 8）上，面對數百萬觀眾演出。他的作品傳達了對生命的肯定，能夠激勵人心，並訴說家庭的重要性，以及青春的力量。為了呼應作品的精神，他也創立「伍德關懷運動組織」（Hoodwatch Movement Organization），幫助貧窮兒童免於步入歧途，並了解自己的潛能。評論家讚賞他的作品，觀眾也給予熱情回應，只要你看到他在舞台上的模樣，必能感覺到他正處於神馳狀態。

不過對黑冰而言，是因為他的使命感才讓他進入神馳狀態。他在另一次訪談中說：

> 我的生命如此有意義，必須寫出觸動人心的作品。我有傳承的任務，在成長過程中，我身邊都是偉大的人，父親、伯叔、祖父都是我的英雄，光這一點，就有某些東西我絕對說不出口。如果收音機裡傳來我的作品，聽來竟然愚蠢無比，那我絕對沒有臉再見到父親。
>
> 我的聲音就是我的天賦，如果我不好好利用，這一切就沒有意義了。這件事太重要了，我可以從現在的社會看出這有多重要。有時候我也會失望，卻從不懷疑自己能堅持下去。你就是你，無法變成另一個人，但我希望把訊息傳達給孩子們，讓我的聲音留在七、八歲孩子

的耳裡，告訴他們：「你以後一定有出息……就是有出息。別說如果、別說可能，你以後一定有出息。」

這是處於神馳狀態的另一個祕密，當你獲得啟發，你做的事也可能是他人的啟發。處於神馳狀態之際，你也能看到自己最天然的狀態，並站在更高的層次做出更豐富的貢獻。

我們之前討論過的概念——未來也將持續討論（好東西沒有道理只用一次）——就是「每個人擁有的才智都各不相同」。探討神馳狀態時，這更是十分重要的概念。處於神馳狀態，就是以「最優」的方式運用你特殊的才智。勞倫絲談到撞球與幾何學的時候，正觸及了這個概念；莎莉絲將身體的技能與心靈敏銳度結合在一起的時候，她展現了這個概念；黑冰運用悉心的觀察與敏銳的韻律感，編織出詩文的時候，這個概念便幻化成形。

做自己，讓困境轉化為成就感

當你處於神馳狀態，便自然能夠採取最合適的思考方式。也因為如此，當你神馳之際，時間似乎進入另一度空間。你在不刻意施力的狀態下，進入全然的專心沉浸，無法再對時間有相同的感覺。這種不刻意施力的狀態，與你的思考方式有直接的關係；當你的思考方式對你來說顯得再自然不過，那麼其他的一切便來得容易一些。

不同的人顯然會以不同的思考方式去理解同一件事，幾年前的一件事剛好是個絕佳的例子。我女兒凱特對世界的認識具有很高的視覺成分，她絕頂聰明、能言善道、飽讀詩書，但聽講的時候，很快就會失去興趣（包含各種形式的講話，不僅止於你請她清理房間的那種）。我們移居洛杉磯之後不久，她的歷史老師開始教授美國內戰。凱特不是美國人，對這段美國歷史所知甚少，老師講述的內戰日期與事件，對她的理解也沒有太大幫助。這種條列重點式的教學方式對她起不了多少作用，但接著就要考試了，她也不能忽略這個科目。

我了解凱特在視覺方面的特殊才能，於是建議她可以嘗試在腦海裡設計一個圖像。「心智圖法」（mind mapping）是英國教育顧問博贊（Tony Buzan）發明的一種技巧，就是以視覺的方式呈現概念或資訊。主要概念位於圖像的中心，再使用線條、箭頭、色彩，將次要概念與主要概念連結起來。因為凱特慣於以視覺方式思考，我猜想她若從這個角度理解美國內戰，應該對她有幫助。

幾天之後，凱特和我吃午飯，我問她是否嘗試了心智圖法。結果她可不僅是嘗試，甚至透過這個技巧，在腦子裡設計了一個非常厲害的內戰圖表，於是她花了四十分鐘向我解釋內戰的主要事件與後續影響。這個新的學習角度正運用到凱特慣用的思考方式，因而幫助她理解這場戰爭，這是條列重點式教學永遠不可能帶給她的學習成果。她設計了這個心智圖，就像用相機拍下了內戰事件，放在腦中看得一清二楚。

跳脫思想窠臼

我們不斷試圖將思考方式分門別類，甚至也想做性向的分類，希望藉此更了解眾人，並有效加以組織。只要我們了解這些分類只是看待事物的方式之一，而非斷定事物本身，那麼或多或少有些幫助。但不論研究人員設計了什麼分類框架，人類個性通常無法固定不動，大概都會在這些框架之間不斷遊移變動。

只要做過「邁爾斯布里格斯性格分類指標」（Myers-Briggs Type Indicator，以下簡稱ＭＢＴＩ）測驗的人，大概都知道外界有多少這種框架式的分類工具。ＭＢＴＩ測驗是人事單位經常用來為人「定位」的工具。每年接受ＭＢＴＩ測驗的人數超過兩百五十萬以上，許多名列《財富》雜誌百大的企業也使用這套系統。ＭＢＴＩ基本上就是性向測驗，不過比流行雜誌的那種性向測驗還要複雜精煉許多。受測者回答一系列問題，基本上分成四類：內向或外向的態度、認知力、判斷力，以及處理生活事件的傾向。從答案可以分析受測者在每個類別當中的個性傾向，例如比較外向或內向。從這四個類別，以及受測者以二分法被歸納的傾向，這項測驗可以測出十六種性向類別。測驗本身隱含的意義是，你與地球上的六十億人都各自屬於十六個框框之一。

這項測驗有幾個問題。布里格斯和她的女兒麥爾斯在設計題目的時候，兩人都不曾取得任何心理測驗的相關資格。此外，受測者做完測驗之後，通常無法清楚地歸類，多數人都十分接近兩個傾向之間的分界線，例如，相較於內向，受測者只是稍微外向一些，而非十足外向或十足內向。最嚴重的問題是，很多人重新接受測驗之後，卻被歸入了另一個框框。幾項調查研究都指出，這種現象的出現機率有一半以上。所以，若非全球人口的極大比例都有嚴重的性向錯亂，那就是測驗本身根本不是性向定位的可靠指標。

我認為，只把性向分成十六種，可能過於低估了。根據本人的估算，大約接近六十億種吧！不過隨著人口不斷成長，本書未來再版的時候還得重新調整這個數據。

另一項測驗是「赫曼全腦優勢評量工具」（Hermann Brain Dominance Instrument，以下簡稱ＨＢＤＩ）。我比較可以接受ＨＢＤＩ，因為我認為多數人應該都能接受其中關於認知傾向的描述。這項測驗跟ＭＢＴＩ一樣，請受測者回答一系列問題，再針對答案進行評估，但並不將受測者做分類，而是讓受測者了解自己較常使用頭腦四象限中的哪一塊。

Ａ象限（左大腦半球）掌管分析性思考，包含收集資料、了解事物運作方式等；Ｂ象限

（左邊緣系統）掌管執行性思考，例如進行組織、執行指令；C象限（右邊緣系統）掌管社會性思考，例如表達理念、尋求個人生命意義；D象限（右大腦半球）掌管未來性思考，例如宏觀的思考，或是透過比喻進行思考。

HBDI認為每個人都可以作每一種性質的思考，但也設法指出受測者以哪一種為主。讓你在工作、玩樂，或任何活動中，因為了解自己的思考傾向，而發揮更高的效能。我依然不認同把眾人分門別類，也認為四種性質的思考依然太少。但就我看來，這項測驗已經比MBTI的設限程度低了許多。

當你預設人類只有某幾種性向，或某幾種思考模式，可能不但無法開發人類潛能，反而是關上了大門。為了讓所有人都能尋得天命，我們必須了解每個人的才智都與任何其他人不同，每個人都以獨特的方式進入神馳狀態，也都以獨特的方式尋得天命。

數學界的莫札特

兩歲的時候，陶哲軒（Terence Tao）靠著看兒童電視節目「芝蔴街」學會認字讀書，還教其他小孩用數字積木做算數。他還沒滿三歲就已經會做兩位數算式，九歲生日以前，他參加SAT－M（SAT專測數學的考試，受測對象主要為申請大學的人），排名在百分之二十九。二十歲時獲得博士學位，三十歲得到數學界的諾貝爾獎「費爾茲獎」（Fields Medal），另外也得到「麥克阿瑟獎學金」。

陶博士天資過人，被戲稱為「數學界的莫札特」，他主講的數學課爆滿到聽眾只能站著聽講。從他的學術成績可以看出，他其實在好幾個學科領域都大有可為，但他真正的天職、讓他發現天命的途徑則是數學，而且是發生在他才學會走路不久的時候。

他在訪談中說：

我記得小時候對數學符號運算的模式與題目十分著迷。如果要培養對數學的興趣，我想最重要的就是能自由地跟數字遊戲，給自己一點挑戰，或是設計小遊戲之類的。我有幾個學習對象，他們對我的幫助很大，讓我有機會跟別人討論這些數學消遣。學校教室當然很適合學習理論與應用，以及了解學科的全貌，但卻不太適合學習做實驗。

個性方面，比較有幫助的特質就是專注力，或許還要有些固執。如果我沒有完全了解課堂上學到的東西，我就一定要設法全部弄懂才會滿足，而如果覺得其中的道理無法彼此呼應，就會一直覺得不舒服。所以我經常花很多時間研究非常簡單的東西，直到我可以完全融會貫通為止，在後續進入更高深的階段時，前面的基礎就非常有幫助。

陶博士在另一段訪問中說：

我並沒有魔法，我看著一道題目，如果覺得跟我做過的題目有相似之處，便試著把之前曾經派上用場的概念拿來應用。如果行不通，我就發明一個小戲法，讓問題變容易一些。但可能還是不太對，我就繼續玩這個題目，一段時間之後，我就想通了。如果做過充分的實驗，理解程度就更深入，這和聰明與否或解題速度都無關。就像攀岩，如果你身體強壯、動作敏捷，也帶了充足的繩索，一定有幫助；但你還需要規劃一條通往崖頂的最佳途徑。你若能快速運算，或是熟記很多論據，那麼你就像力氣大、動作快、工具好的攀岩者，唯一欠缺的就是計畫，這才是困難的部分。你得有宏觀的眼界。

陶哲軒想必經常處於神馳狀態。除了天賦異秉之外，他也十分幸運，因為他在非常、非常年輕的時候，就已經找到天命歸屬。他找到了才華與熱情可以結合的地方，也就那麼一頭栽了進去。

看到陶博士對數學的投入，以及數學對他的吸引力，我們每個人都可以從中擷取重要的意涵。我認為他的故事有重大意義。他能在如此幼小的年紀發現自己的熱情所在，並表達出來，當時他甚至尿布都還未離身（我不確定陶博士兩歲的時候是否還包著尿布，事實上，我很相信他在大小便訓練方面也是天才）。這個世界還來不及給他套上枷鎖之前（本書後續將再討論這些枷鎖），他就能依照天性成為真正的自己。沒有人會對他說，你不能再做數學了，因為當律師才可以賺更多錢。因此，像陶哲軒這樣的人，便毫不受阻地踏上了通往天命的路途。

這些人同時也為我們開創了一條路途，他們以自己的例子點出一個至關重要的問題：「如果我能隨心所欲，如果我不必擔心生計或他人對我的看法，我最想做什麼？」陶哲軒可能從不需要思考他這輩子該做什麼，他可能從不需要ＭＢＴＩ或ＨＢＤＩ幫他決定什麼職業最適合發揮他的天分。這些奇才在天資初現之際都還保有童稚的純真，我們現在該做的，就是用這樣的純真態度去看待自己的未來，還有孩子、同僚和社群的未來。

當你面對自己的孩子，或你關心的人，你將不再以某種範本套用在他們身上，而是深入他們的內心，真正去了解他們。這就是那位心理醫師為吉莉安所做的事，也是佛利伍的父母、勞倫絲的父母為他們做的事。如果讓他們隨心所欲，他們最想做什麼呢？他們會自動自發從事哪些活動？這表示他們有哪些天分？什麼活動最能讓他們專心沉浸其中？他們提出的問題屬於什麼領域？他們表達的論點又是什麼領域？

我們必須去了解，究竟是什麼活動讓自己或他們進入了神馳狀態？我們也必須釐清，這個問題的答案對我們此後的生命帶來什麼影響？

Chapter

05

尋找讓你看見自己的伙伴

狄倫前往紐約尋找志趣相投的人，
其實是尋找他自己。
窺得格斯里的人生之後，
他也開始想像自己的人生。
他跟牛頓一樣，
因為站在巨人的肩上，
而看見了更遠的風景。
如果你一直以來都只能獨自追求熱情，
那麼在你找到族群的那一刻，
或將感到無上的解放。

多數人之所以能找到天命歸屬，都是因為結識了懷抱相同熱情，也希望盡情實踐自我的人。著名作品包含「當哈利碰上莎莉」、「西雅圖夜未眠」的電影紅星梅格．萊恩，演藝生涯高峰已經持續二十幾年，但當初還在念書的時候，她卻從未想像自己可以進入這一行。事實上，演戲或演說都讓她聞之色變呢！她告訴我，每次學校有表演，她都寧願坐在台下，而非站在台上。她是個好學生，八年級的時候獲選代表全體學生向畢業生致歡送辭，她起初很開心能得到這份殊榮，後來才意識到自己得在全校師生面前演說。

她練習了兩個星期，等到站上講台，卻嚇得動彈不得，還得勞動媽媽上台把她牽回座位。然而，她後來卻成為當代的傑出喜劇女星，部分原因就是找到了志同道合的一群伙伴。因為在校成績優越，梅格．萊恩拿到獎學金，前往紐約大學攻讀大眾傳播。她向來喜愛寫作，一心想成為作家，當時也認為寫作就是她心中真正的熱情。她偶爾拍些廣告補貼學費，因而被製作人看上，請她在連續劇「世界轉變時」（*As the World Turns*）擔綱演出固定角色，沒想到卻讓她愛上了演藝圈。她告訴我：

我發現演員的世界充滿驚奇。大家都是幽默又搞怪的人，工作環境就好像一個瘋顛的大家庭，非常有趣。我每天工作十六小時，逐漸習慣了這種「日常」生活。我們老是聊著某某人為什麼做了某件事，也不斷研究人類的行為，很有意思。對於我所飾演的角色有什麼喜好，我也產生了一大堆看法，不知道這些看法從何而來，但我就是想很多，我常說：「噢！那是對白背後的潛台詞，怎麼被我講出來了？」我發現自己會改寫台詞，非常投入角色與戲裡的世界。我們每天拿到新劇本，得背好多台詞，你得全心全意、全神貫注，沒有任何時間想別的事，完全沉浸在其中。

拍完「世界轉變時」，從大學畢業之後，梅格．萊恩卻沒有立即前往好萊塢。她依然想探索自己的潛能，於是在歐洲待了一段時間，甚至考慮加入和平部隊。後來因為受邀到洛杉磯拍一部電影，她再度回到演藝世界，也再度發現自己在從事這份工作的時候，似乎就會進入一種特殊的境界。

我認識了一位很優秀的演技指導，她的名字是芙瑞（Peggy Fury）。她告訴我表演的藝術與技術，還有她身為演員的體認。在我之前，西恩．潘也來上過她的課，還有安潔莉卡．休斯頓、蜜雪兒．菲佛，以及尼可拉斯．凱吉。我周遭的人都必須以內心很深、很深的地方，做為工作的出發點，我們也都喜歡研究人類的各種狀態，並讓文字轉化為實際的生命。

這一切就像花朵一樣綻放在我的腦裡、心裡、靈魂裡，我決定在洛杉磯找房子定居。之前在紐約的經紀人也幫我跟洛杉磯的經紀人牽線，於是一切都就緒了。

我有機會演出很多部電影，那是非常豐富的學習過程，也有助於我個人的成長。我決定接一部電影，原因可能是劇情很好玩，或是為了跟某位演員合作。不論如何，每部電影最後都對我的生命有非常深刻的影響，有時候是因為電影探討的主題，有時候是因為特定的劇組人員。每一部電影都有不同的角色典型，都是促成我個人生命演變的原因。

梅格·萊恩的生命有很多可能性。她有作家的天分，學術方面的能力也很強，很多事物都讓她感興趣，或令她著迷。但只在演戲的時候，才覺得伙伴們眼中的世界跟她的非常一致，他們讓她感到自在，也肯定她的才能，鼓舞她、影響她，並驅動她呈現出最好的狀態。每當她身邊環繞著演員、導演、攝影師、燈光師等電影人，就是她最接近真實自我的時刻。成為這個族群的一分子，讓她找到天命歸屬。

尋找適合你的族群

你的族群成員既有合作對象，也有競爭對象；他們的視角或許跟你一樣，或許全然不同；年齡可能與你相仿，或屬於另一個世代。族群的凝聚，是因為每個成員都將自己奉獻給此生該做的事。**如果你一直以來都只能獨自追求熱情，那麼在你找到族群的那一刻，或將感到無上的解放。**

美國著名的雕塑家與公共藝術家李波斯基（Don Lipski），向來都知道自己的藝術性向，他身上不尋常的創造能量，在年幼之際就已經有跡可循。他說：「年紀還小的時候，我老是在做東西，但並不覺得自己有創意，只是有一堆蠢蠢欲動的能量，忍不住要亂塗亂畫，或是把東西拼湊起來。我也不認為這是有用的才能，頂多是個怪癖吧！」這一股「蠢蠢欲動的能量」讓他覺得自己跟其他孩子不一樣，有時候覺得很不自在。他說：「小時候你只想跟其他人一樣，所以我並不認為自己的創造力有什麼特別，只是讓我顯得格格不入罷了！」

從幼稚園到初中，李波斯基經歷了長時間的拉鋸戰。他在學業方面顯得很聰明，卻一點興趣也沒有。「學校功課很簡單，我可以用最少的力氣就快速做好作業。」他有數學天分，學校也把他轉到數學進階班，但老師認為他在其他方面的表現都不盡理想，因為他只求過關。應該用來研究課業的書本，幾乎都被他拿來畫畫。「該做學校功課的時間，都被我用來塗鴉或摺紙。作品也沒有得到讚賞，反而讓我挨罵。」

有一位老師倒是非常鼓勵他發揮藝術天分，但李波斯基沒有很認真地看待藝術，把老師惹火了，氣得不跟他說話。這位老師沒多久就離職，學校聘了新的美術老師，也讓李波斯基因而受到啟發。「雕塑系有一套簡易的焊接工具，老師在那裡教我怎麼焊接。好像魔術一樣，我居然可以把金屬零件焊接在一起，之前的作品相較之下就只像小孩子的玩意兒。焊接金屬、做金屬雕塑，才像是大人做的真正藝術品。」

對他來說，發現焊接藝術就好像找到聖杯一樣，但他仍不確定怎麼看待這份熱情。他認為自己算不上是藝術家，因為他不擅長畫畫。「我玩積木，或是拿模型玩具組裝一些東西，這些都不像真正的藝術。那些把馬畫得像馬的孩子，才像真的藝術家。」

即使他的雕塑作品開始獲得學校的藝術獎，他也沒想過將來要上藝術學校。高中畢業後，他進入威斯康辛大學商學院主修經濟，後來又改修歷史，他一直沒有接近過藝術系，卻也無法在這些科系中找到熱情。

大四那年，他靠著吹噓自己有限的資格，成功選修了木工與陶土藝術。他很喜歡這兩門課，表現也很優異，但最重要的是，他能按照自己的意思創造藝術作品，並感受到前所未有的喜悅。在陶土課上，他找到大學生涯付之闕如的：帶給他無限啟發的老師。

我的老師既浪漫又熱忱，手到之處都是藝術品，就連在麵包上塗奶油都投入得不得了。

他是我的典範，讓我覺得自己或許真能靠手作為生。

有生以來第一次，李波斯基覺得藝術家的生涯或許不無可能，甚至值得去追求。他決定申請密西根州葛蘭布魯克藝術學院（Cranbrook Art Institute in Michigan）的陶土藝術研究所，同時也第一次碰到了阻礙。在這之前，父母一向鼓勵他的藝術創作，前提是當作嗜好就好。當他決定申請葛蘭布魯克，從商的父親立刻召喚他回家，好好給他灌輸一頓經濟理論。他同意父親說的一切，研究陶土藝術的確不切實際，但是，這是他唯一想做的事。父親認真凝視李波斯基，終於了解兒子心意已定，才決定讓步。李波斯基進入葛蘭布魯克之後，發現了另一個世界的人類與希望，他如此敘述：

除了我修過的少數幾堂課之外，我很少接觸藝術科系的學生。葛蘭布魯克幾乎全是研究所，大概有兩百個主修藝術的學生，其中大約一百八十個是研究生。所以這是我第一次跟這麼多又認真又厲害，而且全心投入藝術創作的人在一起，感覺太棒了。我去參加所有的評論會，不只是陶土所，還有繪畫所、雕塑所、織品所，我全都參加，就這麼盡情吸收。我也花很多時間去看其他學生的工作室，去了解大家都做些什麼。我開始閱讀藝術雜誌和參觀博物館，此生第一次能夠完全浸淫在藝術的世界中。

李波斯基在葛蘭布魯克找到他的族群，讓他踏上了另一條道路。

你必須找到適合的族群，才有助於找到天命。相反的，如果你深深覺得與目前的族群格格不入，或許就該轉頭往他處去尋找了。

皮契爾（Helen Pilcher）就轉了頭，她放棄科學家的身分，變成稀少的科學喜劇演員。她從科學界跌出來之後，才跌進了喜劇界。事實上，到處跌來跌去就是她專業生涯的主題。她的說法是：「沒有人逼我念科學，是我不小心跌進去的。」高中畢業之後，她進大學念心理學，生活除了讀書之外，就是「大白天看電視，喝蘋果汁」。念完大學之後，她實在不在乎、也不想找份正當的工作，所以決定念一年期的神經科學碩士班，這時皮契爾才開始看到科學的趣味。「我每天面對大型實驗、腦部解剖，還有詳細明確到幾乎可笑的安全規則。」

她中了科學的蠱。反正也沒其他事可做，便繼續念下去，拿到博士學位；不但學到實用的科學，也學會「用女王的姿態打撞球」。此外，還有一個重要體驗。皮契爾喜歡科學，但科學家卻不是她的族群。從過去的經驗也發現，科學界可不像撞球桌那樣，每顆球都在同一個平面上。「我發現在科學界，資深程度跟溝通能力成反比，跟絨布褲子的厚度倒是成正比。」

她的確也學到一些專門技術。「我知道怎麼讓忘東忘西的老鼠長記性。我製作基因改造的幹細胞，然後移植到心不在焉的老鼠腦子裡。經過我多管閒事之後，老鼠發展出來的認知能力，大概跟倫敦的計程車司機差不多。不過，就在老鼠長記性的同時，我的注意力卻飄走了。」

最重要的是，她原本以為科學世界是可以自由探索知識的烏托邦，但實際的體驗卻像是一種生意。「企業的科學研究部門投注了大把金錢與人力，進行醫學研究，但背後的驅動因素卻是商業計畫。我感到失望，覺得受到限制。我要推廣科學，我要撰寫科學文章，我要自由。」

皮契爾於是成立「單人越獄委員會」，並開始挖地道。她在倫敦柏貝克學院（Birkbeck College）拿到科學傳播學位，也在那兒找到志同道合的朋友。她獲得媒體研究獎金，用兩個月的愉快時光，幫愛因斯坦電視頻道撰寫並製作幽默的科學影片。她以自由作家的身分撰寫科學文章，並鼓起勇氣推銷她的作品。「我沿街叫賣，向廣播電台、出版界、網際網路推銷我的私貨。」最後，她終究是離開了實驗室，進入英國皇家學會任職。「我的任務就是想辦法讓科學變時髦，不過，正式的業務執掌不是這樣寫的啦！」

有一天，她突然接到一封電子郵件，邀請她參加年度喬汀翰科學節（Cheltenham Science Festival），在黃金時段表演科學脫口秀。她滿口答應之後，卻恐慌了起來。「大家都知道科學是嚴肅的東西，愛因斯坦的相對論可不像個笑話題材。我向哈克娜絲（Timandra Harkness）求救，她是作家兼喜劇演員，也是我的朋友。酒過幾巡之後，我們的『喜劇研究專案』（Comedy Research Project, CRP）——簡稱『喜研案』——就誕生了。」

她接著加入倫敦的喜劇表演圈，連續五年的時間，白天培養幹細胞，晚上培養觀眾。「喜研案」後來發展成現場表演節目，哈克娜絲和皮契爾在節目裡細數「科學史上的五大驚喜」。「觀眾不經意就接觸到一氧化二氮的分子式，看到我模仿早期飛行實驗的時候，也自告奮勇在下面接住這個科學家，此外還跟著貓王的歌聲一起大唱黑洞理論。」

皮契爾說，「『喜研案』的研究宗旨就是以科學方式驗證這個假設——科學也有幽默感。「我們採用周延的科學研究方法。每次演出都將觀眾分為實驗組與對照組，對照組被安置在環境條件相同的鄰近場地，其中獨缺的元素是演員。實驗組則暴露於科學笑話之下，接著評估對照組觀眾發笑的次數多於或少於實驗組，全國各地收集到的初步數據都指向正面的實驗結果。」

皮契爾的科學生涯等於為她鋪路，引導她進入科學寫作與傳播的生涯。**離開實驗室的決**

定讓她很害怕，她說：「但留下來卻更令人害怕。如果你也正在思考要不要跨越這一步，我建議你想像自己就是傳說中會集體跳崖的旅鼠，然後縱身一躍吧！」

範疇與同好

本書所說的「族群」包含兩個主要概念，對尋找天命的人而言相當重要；第一是「範疇」，二是「同好」。「範疇」就是你從事的活動或專業類別，例如演戲、搖滾樂、商業、芭蕾、物理、饒舌歌、建築、詩、心理學、教學、美髮、時裝、喜劇、體育、撞球、視覺藝術等等。「同好」就是同一範疇內的其他從業人員。梅格．萊恩的範疇是演戲，具體型態是通俗劇，她的同好是其他演員，這些人跟她一樣熱愛表演，也是她的創意補給來源。之後，她又轉往範疇內的其他領域，也就是電影表演，包含喜劇或其他較為嚴肅的角色。她的同好也因而延伸得更廣，尤其是認識芙瑞與一起上課的演員之後。

你若了解梅格．萊恩的範疇，以及她與同好的關係，就不難了解這個害羞的女孩何以連致歡送辭都有困難，卻能成為舉世聞名的成功演員。「拍戲的時候，其實就只有我和一、兩位演員在黑黑的空間裡和攝影師在一起。我不需要擔心觀眾，因為現場沒有觀眾。平常拍戲的時候沒有觀眾，只有黑色的攝影棚和攝影機，以及跟你對手的演員。因此拍戲可以讓人全心投入，身邊的人也都很棒，整個作業流程都讓我非常陶醉。」

她從演戲經驗獲得的自信心，足以支撐她繼續在範疇裡前進，並且結識更多同好。但即便是現在，她仍然不喜歡在公開場合講話，或是接受電視談話節目的訪問。「除非逼不得已，否則我寧可婉拒。那實在不符合我的本性，我真的沒辦法在那種注視之下感到自在。」

布萊恩・瑞（Brian Ray）是造詣極高的吉他手，曾與史摩基・羅賓遜（Smoky Robinson）、伊特・珍（Etta James）、彼得・佛萊普頓（Peter Frampton）合作，也曾與滾石合唱團、杜比兄弟合唱團（Doobie Brothers）聯名舉辦巡迴演唱會。布萊恩・瑞很早就進入他的範疇，最後終於能近距離與大師合作；那是他從小視為英雄人物，卻無法想像自己可以接近的人。

布萊恩出生在一九五五年的加州葛蘭戴爾市（Glendale），那一年，正是佛利德（Alan Freed）創造了「搖滾」一詞的年代。布萊恩共有三個兄姊，姊姊吉恩是父母上一次婚姻的孩子，所以比布萊恩大了十五歲。

> 吉恩常帶我一起去朋友家玩，她們老是聽著尼爾森（Rick Nelson）、貓王、李路易斯（Jerry Lee Lewis）的歌，一邊還端詳這些男人的照片。看到她們因為收音機流洩的音樂，還

有那些照片而那麼興奮，對我產生很深的影響，當時雖然才三歲，卻依稀能夠了解那是怎麼一回事。我爸爸會彈鋼琴，家裡有一台小錄音機，上面有麥克風，你可以錄唱片，然後再用另一個唱針放出來聽。我記得大概兩、三歲左右，就跟爸爸一起坐在鋼琴前面錄唱片。

吉恩從高中畢業後，立刻踏進音樂界，加入一個民謠樂團，叫做「新克利斯提吟遊詩人」（New Christy Minstrels），曾經巡迴全國演唱。她一說到樂團生活的趣事，臉上就開心得閃閃發亮。吉恩不只跟我分享她對音樂的熱愛與心中的喜悅，也帶我去俱樂部或演唱會，這些都深深烙印在我心裡。當時我才九或十歲，就有機會看到或認識我崇拜的人。

我哥哥得到一把很棒的吉勃遜吉他，還有機會去上課。但他對音樂沒有太大興趣，所以他忙著蹺課，我也忙著借用他的吉他。後來，吉恩在墨西哥帝華納市（Tijuana）買了一把五塊錢的尼龍弦吉他送給我，讓我當場飆淚。我對音樂的熱情之澎湃，幾乎像是面對一場聖戰，我甚至沒有意識到我想跟別人分享，或是去找更多聽眾。在我還不知道怎麼幫吉他調音的時候，就跟幾個男生組團了。

我大概十或十一歲的一個星期天晚上，在電視節目「蘇利文劇場」（The Ed Sullivan Show）聽到一個新樂團「披頭四」的歌。他們的音樂非常獨特，混合了我喜歡的黑人節奏藍調，但還有某種我不了解的音樂元素，就好像來自火星。從此，一切就改變了。

我知道我要做音樂，但他們的出現更讓我下定決心。我沒見過這麼棒的東西，也開始看到做樂團的可行性與吸引力，或許我能以此為生。因為披頭四，所有「加入消防隊好了」之類的想法全部消失，他們驅使我選擇的這條路，成了我的生涯。

接下來的二十年，布萊恩經常有機會與當時最出色的樂手合作。有一天，他接到一通意外的電話，請他參加保羅．麥卡尼的樂團面試，從此他便一直與麥卡尼一起合作、巡迴演出。

我怎麼也無法想像，一九六四年，盤腿坐在電視前面看「蘇利文劇場」的金髮小男生，最後竟能跟那個唱著〈全我所愛〉（*All My Lovin'*）的人一起合作。這是個幸福的故事，能置身其中令我感到非常幸福。

書中的人物在不同範疇裡、跟不同類型的同好一起找到天命，你不需被限制在一個範疇裡，很多人也確實在幾個範疇之間移動。突破性的創意之所以能成形，通常是因為你串連了不同的思考方式，有時也可能是因為跨越不同的範疇。畢卡索在他的兩個創作時期——

「藍色時期」與「粉紅時期」——探索創作的限制時，迷上了巴黎「托卡底霍民族學博物館」（Musée d'Ethnographie du Trocadéro）裡收藏的非洲藝術品，雖然與他的作品大異其趣，卻激發他心中另一股創造力。畢卡索著名的畫作「亞維儂的少女」，就納入了非洲多貢族（Dogon）慶典面具給他的靈感，並因此讓他邁入了為人所讚頌的立體派畫風。

一點也不孤單

隨著全球文化與技術持續演進，舊範疇逐漸消失，新範疇不斷出現，也產生了新範疇的從業人員。電腦動畫技術在電影界、電視界、廣告界之間，創造了一個全新的創作範疇。像是繪製中世紀彩繪、手抄書籍那種慢工出細活的工作，現在這個年代已經沒有多少人願意做了。

當你找到屬於你的族群，你的自我認識與人生目標都可能因而被轉化；因為族群可以產生三種影響深遠的效果：「認同感」、「啟發」，以及點石成金的「綜合效益」。

愛倫（Debbie Allen）在舞蹈、表演、唱歌、製作、寫作、導演等跨領域的職業生涯，曾引起無數人的讚嘆與感動。一九八〇年，當紅的電視影集「名揚四海」將她的事業推向高峰。她的特殊成就包含連續六年為奧斯卡金像獎編舞，也曾獲得許多獎項，例如一九九二年與一九九五年的「精髓獎」（Essence Award）。她是「黛比愛倫舞蹈團」（Debbie Allen Dance Academy）的創辦人與團長，曾經訓練許多年輕舞者與專業舞者，也聘任初露頭角的編舞家，並向各年齡層的觀眾推廣舞蹈。她告訴我：

記得在小時候，很小的時候，大約四、五歲，我穿著閃亮的粉紅色泳裝，在脖子上綁一條浴巾，從樹上爬到我家屋頂，就在上面跳舞給小鳥和白雲欣賞。我小時候一直在跳舞，芭蕾伶娜的漂亮照片讓我非常嚮往那個世界。我是黑人，又住在德州，從沒有機會看舞蹈表演，但我可以看音樂劇影片，像是秀蘭・鄧波（Shirley Temple）、茹比・基勒（Ruby Keeler），以及尼可拉兄弟（Nicholas Brothers）等人的表演。

後來玲玲兄弟馬戲團（Ringling Brothers Circus）到鎮上表演，他們的特技表演和華麗的服裝，舞者在空中飛翔，用腳尖跳舞，都讓我驚奇不已！此外，電影也啟發了我更多的熱情；芭蕾舞蹈家瑪格・芳登與紐瑞耶夫更是我見過最了不起的人。

因為種族隔離政策，我小時候不能上正統的舞蹈學校，所以就進入「迪巴拖舞蹈室」（Debato Studios），拿到全額獎學金，一星期上十堂舞蹈課。我還記得第一次舞蹈發表會，我穿著閃亮的白色緞布裙子、橘色上衣、白色外套、白色踢踏舞鞋，上台表演三人舞。在台上演出的感覺就像站在世界的頂端！我小時候似乎老是穿著緊身舞衣，在我十五歲的生日派對上，一個阿姨帶來一張我五歲的照片，就是穿著緊身衣。我從小就知道自己要成為舞蹈家。

十七歲時，我第一次看到「艾文艾利舞蹈團」（Alvin Ailey Company）的表演，馬上意識到我將丟掉芭蕾舞鞋、穿上高跟鞋與白色長裙，然後隨著那樣的音樂起舞。他們的舞台表演給我極大的共鳴，讓我深深著迷。

有一年夏天，我到卡羅萊納州參加史波利特托舞蹈節（Spoleto Dance Festival），我的舞蹈生涯藍圖就是從此時開始清晰了起來。從小我心裡就有很多想法，但受到了隔離政策的限制。這次有機會接受「艾文艾利舞蹈團」的主要舞者威廉斯（Dudley Williams）的指導，我真的很驚喜。艾文．艾利本人也去了，他們的駐地舞團舉辦舞蹈講座，我表現得很出色，原本有機會加入舞團，艾文．艾利卻覺得我太年輕。後來我也不曾加入他們，但我很清楚這輩子就是要跳這種舞，還要教舞。

學院的工作是因為我想要回饋，我們教導很多種舞蹈，包含佛朗明哥、非洲舞、現代舞、踢踏舞和嬉哈，並有世界各地來的優秀老師。我認為每個孩子都有學舞的權利，舞蹈是神奇的語言，學舞的孩子不會變壞，我非常肯定這一點。

結識其他跟你懷抱相同熱情的人，可以讓你知道自己一點也不孤獨，或許有很多人不懂你的熱情，但志同道合的人卻能完全了解。你可能不喜歡他們本身的個性，甚至不喜歡他們的作品，這都非常合理，但也都不重要，真正重要的是你們共有的熱情獲得彼此的認同。置身於你的族群裡，你們不僅能盡情討論專業話題，相互激盪創意，切磋專業技巧，還能不忌諱地發表你對某些東西的喜惡。到目前為止，出現在書中的人物，都是因為接觸他們的族群之後，才獲得鼓勵，從而改變了他們的人生，從葛洛寧到勞倫絲，從梅格·萊恩到黑冰都是如此，之後我們還會介紹更多人物。

李波斯基置身於葛蘭布魯克的藝術家之間，更深刻感覺到自己做的事情有意義，也值得他投注心力。他說：「到了研究所，我才開始認真看待過去隨興的作品。我如果在街上撿到橡皮筋，就再找另一樣東西，把橡皮筋綁上去，或是做其他的組裝。這就是我一直在做的事，但我是進了研究所才意識到這就是雕塑，雖然簡陋，卻有藝術創作的本質，而不只是消磨時間。」

某些人單獨工作的時候，才最符合天命狀態，例如數學家、詩人、畫家，以及某些運動員。但即便是這些人也能感受到同好的存在——其他作家、其他畫家、其他數學家、其他選手。這些同好讓他們的範疇更豐富，也挑戰了他們原以為不可能突破的限制。

偉大的科學哲學家博藍尼（Michael Polanyi）認為，自由開放的思想交流就是科學探索的主要脈動。科學家傾向於研究自己的理論與議題，但科學也同時是集體的事業。他說：「科學家看似按照自由意志選擇研究議題，並依個人判斷進行研究，但事實上他們都屬於組織綿密的共同網絡，彼此相互支援。」

博藍尼強烈反對以國家力量管制科學研究，認為很可能因此戕害自由思想交流，而真正的科學進展正是取決於這種自由。「只要你的目的是把整個網絡放在一個中央單位之下進行管制，那麼不論你怎麼做，都會抹滅個人主動性，因而將整體效能壓低到只剩下中央主管一個人的作用，等於是癱瘓了整個團體的合作能量。」這種壓力也是驅使皮契爾從幹細胞逃到喜劇舞台的因素之一。

你不僅需要獨自沉靜思考，也需要與同好互動，也許是人際互動，或是透過作品。美國物理學家惠勒（John Wheeler）說：「你若缺少跟其他人的互動，你就脫節了。我老愛說，沒有別人的存在，就沒有人可以成長為任何人。」即便如此，不論你處於天命狀態，或是在日常生活中，群體生活的節奏都可能有各種變化，有時你需要他人的陪伴，有時卻想獨處。美國物理學家戴森（Freeman Dyson）就表示，他總是關起門來寫作，卻打開門做科學研究。「就某種程度而言，我很樂意接受打擾，因為只有跟別人互動，才可能做出有趣的東西。」

別人是怎麼做到的？

族群並不只是讓你獲得認同與互動的機會，當然這兩者也非常重要，但族群還能給你啟發與刺激，促使你突破限制，創造更高的成就。在每個範疇中，懷抱相同熱情的族群成員常能彼此督促，驅動你去探索能力的極限。某些時候，你背後的動力不見得是實際的密切合作，而是潛移默化的影響，可能是當代同好或上一代前輩，彼此的範疇或許相同，或許不甚相關。牛頓有一句名言：「我能看得遠，是因為站在巨人的肩上。」他指的可不只是實際的高度與距離。

鮑伯．狄倫一九四一年生於明尼蘇達州的希賓市（Hibbing），他在自傳《搖滾記》（*Chronicles*）中提到，當地的人、自己的家人，以及當時的流行文化都讓他有疏離感。他意識到必須離開那個地方，才有可能做真正的自己。他的生命泉源是民謠音樂，他說：

只要有民謠音樂，我就能活下去……除此之外，我對什麼都不在乎，也沒興趣。我的生命以民謠為中心運轉，只要是興趣不同的人，就像彼此互為異類。

等到他終於能夠自立，馬上就憑直覺啟程前往紐約，一個充滿藝術家、歌手、作家的大環境。他的天賦開始奔放揮灑，所結識的同好也激發他更多靈感，讓他的熱情能實際成形，其中一人更引領他進入了從未想像過的藝術境地，當他第一次聽到民謠歌手伍迪・格斯里（Woody Guthrie）的作品，他說：「感覺就像被一百萬枚重量級炸彈同時轟炸。」

一九六〇年代初期的一個下午，紐約的朋友邀請狄倫參觀他收藏的唱片，有幾張七八轉的老唱片，其中之一是「從靈魂到搖擺卡內基演唱會」（*The Spiritual to Swing Concert at Carnegie Hall*），收錄了貝西伯爵（Count Basie）、路易斯（Meade Lux Lewis）、喬・透納（Joe Turner）、強森（Pete Johnson）、羅賽塔姊妹（Sister Rosetta Tharpe）等人的實況錄音。還有一整套格斯里的作品，大約有十二張雙面唱片。狄倫還住在希賓市的時候曾聽過一些格斯里的錄音，但並沒有非常仔細聆聽。這一天，在紐約市，一切都將改變。

狄倫在轉盤上放下一張一九七八年的老唱片，「就在唱針落下的那一刻，我震撼得無法動彈，不能分辨自己清醒與否。」他出神地聆聽格斯里獨唱自創曲：〈拉德洛大屠殺〉（Ludlow Massacre）、〈美少年佛洛依德〉（Pretty Boy Floyd）、〈大庫利水壩〉（Grand Coulee Dam）、〈綠草如茵〉（Pastures of Plenty）、〈說唱沙塵暴藍調〉（Talkin' Dust Bowl Blues），以及〈這是你的土地〉（This Land Is Your Land）……。他說：

這一首又一首的歌讓我目眩神迷，好似看到地殼崩裂似地倒抽一口氣。我聽過格斯里的歌，但只是偶爾聽到一、兩首，而且大部分是他跟別人的合唱。我其實沒有真正聽到他的音樂，沒有這種天崩地裂的感覺。我簡直無法置信，他對人世的觀察非常敏銳，作品如同詩歌，既強悍又有韻律感，情感非常強烈，他的嗓音就像一把短劍。

格斯里的唱法及他寫的歌都讓狄倫耳目一新，有關格斯里的一切，他的音樂形式、作品內容、行事風格，對狄倫而言都像當頭棒喝，讓他理解到民謠音樂應有的樣貌。

我幾乎不支倒地，好像唱機伸出手把我拎起來，朝牆壁摔去。我同時也聽著他的咬字，他的唱法非常完美，似乎是別人都沒發現的唱法。他總是興之所至地落下詞句的最後一個音節，成為完美的句點。歌曲本身和曲目安排都超越所有音樂類型，對人性的描寫極其深廣，每一首都是絕妙好歌。格斯里所到之處，似乎撕裂了一切，就好似千斤重的錨，突然啪啦一聲落入港灣的水中。

狄倫一整天沉醉在格斯里的歌曲之中，就像失了神，他不只發現了格斯里，更遇上了生命的關鍵時刻。

我彷彿突然懂得掌握內在的力量，進入了心靈最深處，深深覺得當下的我就是最真實的自己。腦子裡有個聲音說：「原來就是這麼回事。」我可以唱這每一首歌，一首也不漏，我也只想唱這些歌。過去的我似乎都在黑暗裡，現在有人幫我打亮了全場的燈光。

狄倫前往紐約尋找志趣相投的人，其實是尋找他自己。窺得格斯里的人生之後，他也開始想像自己的人生。他跟牛頓一樣，因為站在巨人的肩上，而看見了更遠的風景。

同好的影響力

族群裡存在著同好的影響力，可能以不同的形式出現，可能散布在遙遠的地方與遼闊的範圍，也可能彼此相鄰，或只存在於你的腦海，或實際在你身旁。你的同好可能仍健在，或已經作古而只存在於身後的作品，也可能限於某個世代，或跨越數個世代。

多年以前，諾貝爾獎得主費曼曾經提及超微小機械的概念，當時還沒有人想製造這種東西。過了幾年，明斯基（Marvin Minsky）從這個概念得到靈感，延續了這個思考脈絡，成為人工智慧的先驅。之後，卓斯勒（K. Eric Drexler）想要以微小裝置為研究主題寫論文，於是到麻省理工學院向明斯基請益，尋求這位著名的教授指導他的論文，從此打下基礎，讓他締造了開發奈米科技的創舉。費曼提出創新概念之際，被評論家唾棄為科幻小說，最後因為族群的力量跨越了距離與世代，因而終於變成了事實。

當族群聚集一處，彼此便能相互激發靈感。不論哪個範疇，只要能結合成員的力量，彼此相互影響，凝聚團體的衝勁，就能合力促成革新的創舉。

社會學家柯林斯（Randall Collins）曾表示，幾乎所有偉大的思想運動，都是源自於族群彼此激盪而產生的能量。在古希臘時代，哲學的歷史就是一連串縱橫交錯的學派：畢達哥拉斯的同志與子弟、蘇格拉底的追隨者與後續衍生的團體、慣於激烈辯論的麥加拉學派、柏拉圖與友人組成的「學園」、從學園脫離的亞里斯多德逍遙學派、學術界重整之後孕育出伊比鳩魯與友人的「伊園」、與伊園敵對的雅典斯多葛學派在羅得市（Rhodes）與羅馬建立了修正主義者的社群，還有發生在亞歷山卓的幾波思想運動。

跟古希臘一樣的道理也適用於好萊塢。「逍遙騎士」、「蠻牛」等紀錄片，就試圖檢視「喧譁吵鬧、充滿創意、時而黑暗汙穢的文化革命」，如何導致一九六〇年代好萊塢電影的不變。一九五〇年代充滿短襪、海灘毯等健康意象的美國文化，在短短幾年之間就轉變為性、毒品與搖滾樂。受到法國新浪潮電影與英國新電影的衝擊，新一代導演與演員蓄勢待發，準備啟動美國電影的革命，透過電影畫面傳達個人的遠景。

立下電影里程碑的幾部影片，例如「逍遙騎士」、「教父」、「計程車司機」，都取得突破性的成功，讓從業人員在資金與創作方面獲得史無前例的獨立性。他們在票房與影評上的成功，迫使好萊塢製片公司的老一輩領導人退場，因而興起新一代的指標性人物，例如：柯波拉（Francis Ford Coppola）、勞勃・阿特曼（Robert Altman）、馬丁・史柯西斯（Martin Scorsese）、彼得・波丹諾維茲（Peter Bogdanovich），以及丹尼斯・霍柏（Dennis Hopper）。

這些製片人每獲得一部電影的成功，就進一步掌握更自由的創作空間。他們創造了一片革新狂潮，也相互刺激，進一步探索大眾電影的新主題與新形式。這種空前的自由也導致過度自我膨脹、飛漲的預算，以及似乎源源不絕的毒品供應。最後，製片人之間的相互支持與鼓勵，也降格為激烈的競爭與仇視。最後，在這種文化環境裡又興起另一波票房片，例如「大白鯊」與「星際大戰」，再次改變了好萊塢的景致，製片公司也再度拿回創作與預算的掌控力。

從資訊軟體產業瘋狂發展的時期，以及個人電腦的誕生，我們也可一窺族群聚集之後產生的龐大能量。「矽谷」的形成對數位技術產生極大衝擊，但是，就如《激發團隊創意》（When Sparks Fly）的作者雷諾（Dorothy Leonard）與史瓦普（Walter Swap）所說，矽谷的地理區域卻出人意料地狹小。「飛機即將降落舊金山國際機場的時候，從飛機上看到的矽谷竟然那麼狹小。」企業法律集團（Venture Law Group）的創辦人強森（Craig Johnson）形容矽谷「就像氣體，愈受到擠壓，溫度愈高」。矽谷的族群在專業與社交領域的往來是重疊的，區分方式則是依據工作性質（例如軟體工程師）、組織隸屬（例如惠普科技公司），或是人身背景（例如史丹佛企管碩士或南亞洲移民）。最厲害的人物即便留在當地不動，也能談交易、換工作，或是找到工作伙伴。克萊納．帕金斯創投公司（Kleiner Perkins）的創投專家多爾（John Doerr）最喜歡說：「在矽谷，你換了工作，車位卻還是同一個。」

矽谷的長期居民也是因為共同的價值觀而凝聚在一起。矽谷有兩位傑出的改革者，手下創立的不僅是一家公司，更可說是一個產業，他們的至理名言如今依然在谷中迴響。惠普科技的創辦人惠立特（Bill Hewlett）與普卡德（David Packard）曾經直接影響了許多人的人生，其中很多人就是他們的老員工。因為這些老一輩的領導人，團隊領導與績效標準的精神才能傳承到下一代企業家。

族群可以激發個人創造更高的成就，實際例子實在不計其數。例如二十世紀初期在建築界的包浩斯運動，還有一九六九年的「紐約尼克隊」、一九七二年「邁阿密海豚隊」堅不可摧的攻勢、一九九一年的「明尼蘇達州雙城隊」，這些例證都指出，團隊的整體力量絕對大於個人力量的加總。**個人的創造力經過集結之後，便產生了爆炸性的革新與進步。**

點石成金的綜合效益

透過某些創作團隊的實例，我們能清楚見證族群的力量。班尼斯（Warren Bennis）與畢德曼（Pat Ward Biederman）在他們合著的《七個天才團隊的故事》（*Organizing Genius: The Secrets of Creative Collaboration*）中稱之為「偉大團體」，也就是興趣相投的一群人合作之後，所創造的結果遠超過其中任何一人的極限，也大於個人能量的總和。「偉大團體的功能可能是鞭策、監督，或諮商，也可能提供靈感、支持，甚至是愛。」兩位作者如是說。創作能量的結合，再加上每個成員都必須發揮十足功力，以求跟上同伴的腳步，原本無法達成的卓越狀態於焉出現，這就是點石成金的綜合效益。

最好的實例就是戴維斯最重要的作品「泛藍調調」（*Kind of Blue*）的創作過程。愛樂者普遍認為這張錄音作品是必買的唱片，眾多爵士迷都能熟記專輯的每個音符，當然也包含古典與搖滾樂迷。不過，參與專輯錄製的樂手在實際進入錄音間之前，並不知道自己要演奏什麼。

原始唱片封套印著鋼琴手艾文斯（Bill Evans）的話：「戴維斯在錄音之前幾個小時，才做好配曲的構思，然後帶著草稿進錄音間，大家這才知道演奏的方向。所以，你將聽到的幾乎完全是即興演奏。我們在錄音之前從未演奏過這些曲子，我想每首曲子的第一遍完整錄音，就是最後的成品。」事實上，專輯的每首曲子都是第一遍錄音，只有〈佛朗明哥速寫（Flamenco Sketches）〉是第二遍。

一九五九年，小號手戴維斯召集艾文斯、次中音薩克斯風手柯川（John Coltrane）、中音薩克斯風手大砲艾德雷（Julian "Cannonball" Adderley）、鋼琴手凱利（Wynton Kelly）、貝斯手強伯斯（Paul Chambers），以及鼓手考柏（Jimmy Cobb）進錄音間。他訂好各個音階（這也是帶點革命性質的做法，當時的爵士樂向來是以和弦變化為主），然後就打開錄音器。當時他們每個人都積極推動爵士樂的新發展，是屬於同一族群的成員，過去也曾有合作經驗。在「泛藍調調」的錄音間裡，他們相互肯定、彼此啟發，發揮綜合效益的完美創作過程。這幾位藝人的個別才能已足以開創音樂的新方向，況且還有一位大膽創新的領導人，這樣的團隊組合必定要打破一切藩籬。

當天的即興之作，就是因為威力十足的創造力匯聚一處，創造出超越預期的成功作品，這就是綜合效益的最終目標。錄音器開始運轉的那一刻，就好似魔術表演的開幕。艾文斯說：「團體即興創作是難度更高的挑戰，光是協調彼此的想法，就已經是困難的技術問題，此外還必須從人性與人際互動的角度，凝聚每個成員的共識，以達成共同的目標。這張錄音不僅克服了這個最困難的問題，更得到完美的成果。」他們彼此合作，以彼此為養分，彼此協調，也彼此挑戰。他們在這幾個小時創造的音樂，亦將世代流傳。「泛藍調調」是史上最暢銷的爵士專輯，發片五十年之後，每週仍有幾千張的銷售量。

創作團體的能量為何超越其中的單一個體？我認為，這是因為成員之間凝聚了人類才智的三個主要性質。這是我們先前討論過的，也可以說，創作團體的特質就等同於人類創造力的主要特質。

優秀的創作團體都非常「多元」。成員的組合是差異性極大的各種人，各自雖擁有不同的天賦，卻能彼此互補。「泛藍調調」的團隊成員都是傑出的樂手，不僅演奏不同樂器，也各有獨特個性，以及不同的音樂敏感度。披頭四也是一樣的狀況，即便他們在文化或音樂上具有某些共同點，藍儂與麥卡尼卻完全是不同類型的人，哈里遜與史達之間亦是如此。正因為這種差異性，讓集體創作的結果超越了個人能量的總和。

創作團體都具有「動能」。多元的天賦固然重要，卻仍未完備。不同的思考方式有可能成為創作上的障礙，創作團體必須讓彼此的差異變成優勢，而非缺點，也必須有一套方法讓個人優點可以補強他人的缺點。**他們必須站在同等的地位，相互提出質疑，並把批評視為刺激進步的正面因素。**

創作團體必須「獨特」。他們與一般常見的「委員會」之間有很大的差別，多數委員會都是處理例行工作，個別委員基本上可以隨時更換，通常也代表了特定的利益團體。即使一半的委員都看著自己的黑莓機，或研究壁紙的圖案，委員會還是可以正常運作。這些委員會通常萬年不朽，每次開會也一樣沒完沒了。反之，創作團體必定獨具特色，結合之際也有具體目的，存在的時間隨團員而定，或直到目的達成為止。

還有一個最有名的例子，就是林肯總統召集的堅強執政團隊。古德溫（Doris Kearns Goodwin）在她的著作《無敵》（*Team of Rivals*）中，敘述林肯與四位閣員的故事；他們分別是當時的戰爭部長史丹頓（Edwin M. Stanton）、財政部長柴斯（Salmon P. Chase）、國務卿西華德（William H. Seward），以及司法部長貝慈（Edward Bates）。這五個人無疑屬於同一族群，他們胸懷熱情，希望帶領美國向上發展。然而，這四位閣員在林肯當選總統之前，都公開抨擊過林肯的立場，史丹頓甚至曾罵林肯是「長臂猿」，除了個別的主張都與林肯南轅北轍之外，他們每個人都認為自己的能力在這位民選總統之上。

儘管如此，林肯仍相信這些對手具備了執政團隊需要的能力，如今的美國政治界人士大概很難想像，林肯竟能凝聚這樣一個團隊，卻不引發任何政治動盪。他們經常不眠不休相互辯論，氣氛時而火爆，但在合作過程也終能透過彼此的異議，制定周全的國家政策，並結合彼此的智慧，引導國家安全通過了充滿荊棘的歷史階段。

消失於人群之中

我所說的「族群」，並不等同於一般的「人群」，即使人群的聚集是為了相同的目的，或有相同的熱情；最明顯的例子就是球迷。喧囂熱情的體育迷在各種體育項目都可以見到，例如：綠灣的美式足球忠心球迷、曼徹斯特的足球熱心球迷、蒙特婁冰上曲棍球的狂熱球迷等等。他們在家裡的牆上、車上、前院草皮上，全都貼著、放著跟球隊有關的東西。他們知道家鄉球隊在一九八八年打到第四名的時候，隊伍裡面是哪個球員打哪個位置。他們可以因為婚期與世界大賽或歐洲盃比賽時間撞期，就延後婚禮。他們對自己支持的球隊忠心耿耿、瘋狂熱愛，心情也跟著球隊表現好壞而上下起伏。但球迷之間這種共同著迷的狀態，並不能使他們成為一個族群，起碼不是本書敘述的族群。

球迷的行為是另一種社會群聚現象。社會心理學家泰弗爾（Henri Tajfel）與特納（John Turner）將這種現象稱為「社會認同理論」。他們認為，加入特定團體可以讓人獲得自我認同感，而且人們多半傾向於加入某些可以提升自信心的團體。球隊可以讓球迷感覺自己似乎屬於一個又強又大的組織，尤其是正在贏球的時候。你只要在球賽接近尾聲的時候觀察一下，就不難發現街上到處有人穿戴著當季冠軍球隊的衣物，甚至距離球隊所在地很遙遠的地方也是如此。球迷也更大聲宣告自己與勝利球隊之間的關連；就某種程度而言，他們相信這種幾乎不著邊際的關連，可以讓自己看起來更稱頭。

社會心理學家西爾迪尼（Robert Cialdini）將這種心理現象命名為「沐浴在別人的榮耀之中」，以下簡稱「沾光心態」。一九七〇年代，西爾迪尼等人進行「沾光心態」的研究，發現美國大學生在校隊贏得足球賽之後的星期一，比較可能穿著與學校相關的衣物。研究人員也發現，學生在這種情況下傾向於使用「我們」指稱球隊，例如「星期六的比賽，我們痛宰了州立大學」。反之，如果校隊輸了，代名詞就轉變為「他們」，例如「真沒想到他們竟然輸了那場球」。相對於本書討論的族群，沾光心態的問題是沾光者其實對榮耀本身沒有多少貢獻。如果球迷實際到現場看球賽，或許還有一點點功勞，起碼他們提供了球迷支持的力量。狂熱的球迷雖然常被指責為迷信，但只有最不理性的少數球迷，才可能真的相信他們的行徑對球賽結果有任何影響；例如，每場球都戴同一頂帽子、還沒成定局、正在拉鋸戰中不能亂動，或是在球場外野餐的時候要使用特定品牌的木炭。

不論是自稱「乳酪頭」的綠灣包裝人足球隊球迷，或是紅襪球迷「紅襪幫」，球迷俱樂部的會員身分並不等同於族群歸屬，甚至可能造成相反的效應。我所描述的「族群」，成員可以因為族群歸屬而活出更真實的自己，並因而獲得更高的自我認同。相反的，球迷團體就像黨派，共同發出歡呼、噓聲，因為勝利而開心，因為落敗而難過，或許因而產生滿足或悸動的感覺，但通常無法讓你因為實現了自我，而到達天命狀態。

球迷現象其實類似心理學家使用的怪異名詞——「去個人化」（deindividuation）。意思是因為融入團體而失去自我意識，極端的去個人化將導致暴民行為。如果你曾經參加過歐洲足球賽，必定很了解這個理論如何應驗在體育世界。但即使是比較良性的去個人化，也會因為個體似乎被隱姓埋名，而導致某些人忘記了規矩，採取了自己道德良心通常不允許的行為，甚至做出後悔的事。也就是說，這些行為讓你偏離了真正的自我。

我弟弟奈爾曾是英國主要足球隊之一「艾佛頓隊」旗下的職業球員。每次我回利物浦，一定去看他打球。看球的興高采烈通常也伴隨著恐懼，利物浦的足球迷非常……這麼說好了，非常「有熱忱」。他們一心執著於贏球，如果球場上的賽局進行得不如人意，他們就會自動從觀眾席提供一些戰術建議。如果奈爾的球沒有往球迷想要的地方去，他們就會大聲喊著鼓勵的話，例如：「壞球！奈爾！」或是：「你的火力沒有全開吧！」或是其他帶有相同效果的字眼。

有一次，坐在我背後的觀眾發出一聲歇斯底里的吼叫，非常積極地批評我弟弟的球術，他用的字眼也影射到我母親，因此延伸到我身上。我一個反射動作，轉過身準備捍衛家族榮譽，等我看到這位瘋狂球迷的身材和臉部表情之後，我想他或許說得也沒錯。群眾行為就是如此。

看、聽、學

某些觀眾的確是很厲害的評論家，他們對局勢的觀察可以幫助他人看得更清楚。文學批評、音樂評析、體育評論等範疇之內都有某些優秀分子，他們的語言深深打動人心，也屬於熱愛評論的同一族群。這些評論家與單純愛好者不同，愛好者是他們服務的對象，他們的工作是明確區分出功力高下，也可以成為他們的天職。體育評論員科塞爾（Howard Cosell）的自傳書名是《我從未真正下場》（*I Never Played the Game*），但是在美國體壇中，他卻連續數十年都是重要性與影響力兼具的聲音。

我認為，即使科塞爾不是體育選手，卻在體育界找到天命。他知道自己可以讓一般體育迷觀賽的經驗更精采，也在從事這一行的時候更了解真實的自我。科塞爾曾說：「我全身上下充滿渴望與決心，希望進入傳播業，我也完全知道自己想做什麼、該怎麼做。」從一個狂熱的愛好者出發，他積極參與了自己渴望的世界，並且在選手與觀眾之間搭起了橋梁。

在群眾或觀眾之中，總有某些人因此在心中產生了不一樣的感應，他們獲得了頓悟，他們的族群不在身邊的觀眾席，而是在眼前的舞台上。

康納利（Billy Connolly）是全世界頂尖的喜劇演員，喜感十足且獨具一格。他在一九四二年出生於蘇格蘭格拉斯哥市（Glasgow），一個白領階級的家庭。他辛苦地完成了不感興趣的課業，一有機會馬上離家，到格拉斯哥船塢當焊接工學徒，在那裡待了一段時間，學習焊接技術，也深刻體驗了克萊德河畔勞工生活的模式與習俗。他從小就喜歡音樂，也靠自己學會彈吉他與班卓琴。他與鮑伯．狄倫隔著一個海洋的距離，在同一個時期成長，也同樣對民謠音樂深深著迷。只要有時間，他就在蘇格蘭各地的民謠俱樂部聽音樂或演奏。他喜歡酒吧，喜歡格拉斯哥夜生活的戲謔氛圍，也經常看電影，週末去跳舞，偶爾也欣賞舞台劇。

一天晚上，康納利在電視上看到莫瑞（Chick Murray）的表演。長達四十年以上，莫瑞都是喜劇界與音樂廳的傳奇人物，他的機智既滑稽又辛辣，一針見血描繪生命，表演風格正是蘇格蘭幽默的典型。那天，康納利在電視機前坐好，準備跟著這位偉大演員一起放縱嘻笑。然而，除了一頓好笑之外，他還得到另一樣東西——頓悟。他笑倒在沙發上的同時，也敏銳察覺到自己正在經歷歇斯底里的愉悅，以及情緒的釋放。他感覺到莫瑞銳利的洞見，在周遭像炸彈一樣一一爆炸。此刻在格拉斯哥的康納利就如同在紐約格林威治村的狄倫，他意識到這是一條可行之路，也是他將要走的路。自此，他逐漸從群眾中走出來，與他的族群結合。

康納利在演唱每首曲子之間都會與面前的一小群聽眾聊一聊，然後逐漸愈唱愈少、愈說愈多，他也發現一小群聽眾逐漸變成一大群。他從當代眾多喜劇演員脫穎而出，成為百無禁忌的脫口秀老牌演員。他的作品把他從克萊德河的船塢帶到全世界座無虛席的劇院，也在得獎影片中演出，並且深入百萬人的心靈深處。

康納利與本書的其他人物一樣，他能走出自己人生的路，不只因為他找到天命，也因為找到了他的族群。

Chapter

06

你願意付出多少代價？

為了到達天命狀態，
有時必須想方設法排除頑強的限制因素；
面對嚴酷的阻力，也不能失去你對未來的憧憬；
有時又得脫離熟悉的生活，
投入一個更適合你發展的環境。
追根究柢就在於「你願意付出多少代價」？
進入天命之後的收穫雖然豐厚，
但收割之前，
或許得先克服堅如鐵石的阻力。

在尋找天命的途中，你可能遭遇難度不同的種種挑戰，我們先前已經討論過其中幾種。某些挑戰其實源自於內心，可能是缺乏自信，或害怕失敗。此外，你身邊最親近的人有時候反而是阻礙，因為他們對你抱著特定的印象或期望。甚至，並非特定的人對你有所妨礙，而是整體文化環境使然。

我把尋找天命的阻礙看成三個「障礙同心圓」，分別是個人、社會、文化。

個人的障礙

從克羅斯（Chuck Close）一生的成就看來，我們很難想像他小時候曾被老師與同學視為懶惰蟲。同學之所以這麼認為，是因為他身體不好，不擅長運動，連簡單的遊戲也玩不好。老師之所以這麼認為，是因為他考試成績差，老是無精打采的模樣，試卷幾乎都寫不完。他小時候的醫學界尚無法診斷他其實患有閱讀障礙，所以在別人的眼中，克羅斯似乎不太努力，多數人也都認為他不可能有出息。

除了學習障礙與身體疾病之外，年紀輕輕的克羅斯就遭逢了無法想像的悲慘境遇。他的父親經常帶著全家到處遷移，並且在克羅斯十一歲的時候辭世。這時，他的母親，一位鋼琴演奏家，卻又罹患乳癌，龐大的醫療費用導致他們失去了房子，最後連祖母也身染重病。

讓克羅斯度過這一切的憑藉，就是他對藝術的熱愛。他在一次訪談中說：「**我想，從很早開始，我的藝術才能就是我與眾不同之處。藝術給了我自信心，也是我人生最後的浮木。**」他克服身體的限制，甚至發明了創新的藝術創作方式。他創造人偶劇與魔術表演，這些被他稱為「勞軍」的把戲，目的是吸引其他小孩跟他在一起。他也精心創作美術作品，用來補強學校功課，讓老師知道他不是為了逃避功課而裝病。

因為對藝術的興趣，再加上天生的才能，他終能發光發熱，成為美國文化界的奇才。從華盛頓大學畢業，再取得耶魯大學美術碩士學位之後，克羅斯開創他的人生，成為美國頂尖的藝術家。他的個人藝術風格十分鮮明，包含一種自創的網格系統，用來創造如同攝影作品一般寫實的臉部巨幅影像，質感與表情都栩栩如生。他的創作方法吸引了各方媒體的注意，作品也在全球各地的重要美術館列展。他對自己的熱情與藝術有著不止息的奉獻，因此克服了嚴峻的困境，找到他的天命，攀上藝術生涯的顛峰。

但故事才剛剛開始。

一九八八年，克羅斯在紐約擔任頒獎人，突然感覺身體有狀況。雖然趕到醫院，但幾個小時之內就已經四肢麻痺，肇因只是脊柱的一個血塊。當代最偉大的藝術家如今甚至不能握牙刷，初期的復健工作顯得一籌莫展。雖然他的生命路途原就有重重的障礙，但這最新的一個路障卻幾乎要摧毀他所有的企圖心。

然而，克羅斯有一天發現他可以用牙齒咬住畫筆，也真能控制畫筆到可以畫出小小圖像的程度。他說：「我突然信心大增，開始想像我可以用有限的動作創造哪些迷你圖畫，在腦子裡想像這些畫作的模樣。即便只是這一點點頸部的運動，都足以讓我知道，或許我並非完全無力可施，或許我還可以創作。」

他能做的就是開發全新的創作形式，等到上臂也恢復有限的活動力，他開始運用豐富的色彩，創作小型圖畫，然後拼接成為大型的馬賽克圖像。新作品受歡迎的程度不亞於舊作，也引發外界更多的話題與對他的讚賞。

克羅斯終其一生都有各種無窮盡的理由，可以讓他屈服，讓他放棄藝術生涯。但他選擇不斷衝撞，並超越生命中所有的限制因素，而且不論面前的道路出現多少新的障礙，都堅守他的天命。他不允許任何一次困境阻礙他實現心中的自己。

克羅斯並非唯一克服身體障礙，繼續追求熱情的人，之後我們還將認識其他有相同成就的人，你也可能繼續感到訝異。雖然身體殘疾可能很折磨人，並且只會每況愈下，但問題其實並非只是疾病本身，還包含他們面對自身殘疾的態度，以及他人給他們的感受。為了克服這些身心障礙，殘疾人士必須從內心召喚龐大的信念與決心，才能做到他人不假思索就能做到的事。

坎兜口舞團（CandoCo Dance Company）是英國專業現代舞團，部分團員是殘障人士。多年來，舞者中不乏單截肢或雙截肢、半身癱瘓坐在輪椅上等身體殘疾的人。一九八二年誕生的坎兜口，立團精神是「任何人都能享受舞蹈」，並希望藉此帶給觀眾啟發，也同時支持參與舞團的人，鼓勵所有人追求最高的理想。坎兜口透過表演與教育訓練課程，擴大一般人對舞蹈的認知。舞團主管階層表示，坎兜口訂定了崇高的目標，包含「肢體動作的品質、舞蹈藝術的完善，以及身為表演者的自我期許。我們的焦點是舞蹈，而非殘疾；是專業，而非療法」。坎兜口是舞蹈、劇場、音樂三合一的表演團體，舞蹈評論家與全球舞蹈節頒發給他們無數的國際獎項，證明坎兜口的崇高理想已經獲得實現。有位評論家指出：

你必須完全拋棄你對舞者身體的一般概念，才能真正欣賞坎兜口舞團的表演。當雙腿已經不再重要，又何需在乎穿著芭蕾舞鞋的雙腿是否有流暢的步法？完美無缺的身體已不是表演的基本元素，你看到的是帶著缺憾的身體，但他們的天分卻完全不輸給四肢健全的舞者……。如果你以為坎兜口的舞者將帶著拐杖或輪椅，在台上表演抗拒地心引力的特技，你可能會非常失望。他們的表演是一種視覺與心理的衝突，但不是在你臉上打一巴掌，而是帶給你縈繞在心頭的思緒，溫暖你的心，撫慰你的靈魂。

不論殘疾與否，「態度」在追尋天命的道路上都是極為重要的因素。當你有強烈的意志，希望實現自我，你便能堅持下去，否則即使身體毫無缺憾，也將處於相對劣勢。根據我的觀察，因為自我懷疑與恐懼而產生的內心障礙，恐怕不下於環境與境遇的外在障礙。

勵志課程與書籍的市場在全世界不斷拓展，很多就是針對上述的焦慮情緒，這正反應出問題的嚴重程度。我認為其中的佳作之一就是傑佛斯（Susan Jeffers）的重要著作《恐懼out》（*Feel the Fear and Do It Anyway*），此書被翻譯成三十五種語言，暢銷數百萬本。傑佛斯在書中以生動熱情的語言，說明心中的恐懼如何阻礙你盡情揮灑生命、對世界做出貢獻。這些恐懼包含恐懼失敗、恐懼自己不夠好、恐懼被人發現自己的缺陷、恐懼他人的否定、恐懼貧窮，以及恐懼未知。

恐懼可能是追尋天命過程當中最常見的阻礙。恐懼是否經常在你的生命中出現？導致你裹足不前，不敢實現你的渴望？傑佛斯博士提供了一套經過驗證的好方法，幫助讀者從恐懼出發，邁向自我實現。其中最有效的方法就是「**接受你的恐懼，但依然放手去做**」。

社會的障礙

恐懼他人的否定、恐懼被人發現自己的缺陷，這兩種恐懼通常出現在你與最親近的人之間。你的父母、手足、合作伙伴、兒女，都可能強烈認為你該做什麼、不該做什麼。當然，他們所說的可能也沒錯，可以提供良師益友的正面功能，鼓勵你發揮真正的天賦。不過，他們有時也可能判斷錯誤。

人們有各種複雜的藉口，可以去剪斷別人的翅膀。你選擇其他的道路，有可能不符合他們的利益，或製造他們不想處理的問題。不論什麼原因，如果旁人不准你實踐熱情，甚至不准你尋找熱情，你必定感到無比沮喪。

別人或許不是刻意阻礙你，可能只是社會傳統對你的角色已有定位與期望，因而以無形的力量限制了你的抱負。許多人無法找到天命，只是因為沒能獲得鼓勵或足夠的自信，讓他們脫離既有的人際網絡。

你的親人也可能是真心不願見到你浪費生命與天賦，知名作家科爾賀（Paulo Coelho）的父母就是如此。更嚴重的是，他們用極端的手段阻止他，數度將他關進精神病院，讓他接受電療，因為「他們愛他」。下次你因為罵小孩而有罪惡感的時候，何不想想你起碼沒有動用這種家教方式，這樣或許會覺得安心一些。

科爾賀的父母——培卓與莉吉雅之所以把孩子送進精神病院，是因為科爾賀從十幾歲開始，就一心渴望成為作家。他們認為這等於是浪費生命，建議科爾賀如果非寫作不可，可以在閒暇之餘進行，但他的正途應該是成為律師。後來科爾賀繼續寫作，父母無可奈何之下，只好將他送進精神病院，希望可以除去他腦中這些有害的想法。科爾賀說：「父母想要幫助我，他們有他們的夢想。我想要做這個、做那個，但父母卻幫我做了其他的生涯規畫，所以他們一度因為無法再控制我，而感到心急如焚。」

科爾賀的父母前後三次把他送到收容所。他們知道孩子絕頂聰明，深信有光明的前途等著他，因此履行為人父母的職責，試圖將他導回正途。然而，即使是如此極端的干預手段，也無法阻止科爾賀追尋天命。家庭的阻力如此強大，他依然繼續寫作。

他的父母說得沒錯，科爾賀的確有光明的前途等著他，只是與法律專業無關。科爾賀的小說《牧羊少年奇幻之旅》是國際暢銷書，全球銷售量超過四千萬本。他的著作被翻譯成六十種以上的語言，成了史上最受歡迎的葡萄牙文作家。他的創作範圍還延伸到電視、報紙，甚至流行音樂，他曾經是好幾首巴西搖滾歌曲的作詞者。

科爾賀若是律師，必定也非常傑出。但他的夢想是寫作，縱使父母無所不用其極，想要將他導回「正途」，他依然將眼光專注於自己的天命。

在家人的期望之下，面對如此嚴厲手段的人應該屬於少數，但很多人的親友確實形成不少障礙。「不要去學舞，跳舞不能當飯吃」、「你的數學很好，以後應該當會計」、「你要是主修哲學，我就不幫你付學費」等等。

親近的人阻止你走某一條路，通常以為是為了你好。某些人的理由也許比較自私，但他們都相信自己比較了解狀況。而且平均而言，坐辦公室的人比起爵士小喇叭手，確實有更穩定的收入。只是你若不喜歡自己的工作，就很難獲得成就感。**「對你有好處」的工作若阻礙你實現自我，其實也並非真正對你有好處。**

如果你心中有懷疑與恐懼，或許更容易傾向選擇安全的做法，或選擇阻力最小的道路。對某些人來說，避免激怒父母，並贏得父母、手足、配偶的認同，或許是比較不麻煩的做法，但並非所有人都是如此。

某些書中人物必須離開家人，或至少暫時離開，才可以依照自己的心意行事。他們選擇一條較為坎坷的路，承受與家人關係的緊張，忍受氣氛凝重的家庭聚會，科爾賀甚至損失了一些腦細胞，但最後也都獲得無上的滿足與成就感。究竟該忽視親人的意見，或是放棄自己的夢想呢？他們決定兩權相害取其輕。

一九六〇年代居住在希臘的赫芬頓（Arianna Huffington）還是個少女，某天突然心生熱情的夢想。她正瀏覽雜誌，看到英國劍橋大學的照片，當時才十三歲的她就立志要去那裡念書。所有人都說她的想法太荒謬，包含她的朋友與父親。他們說她是女生、學費太貴、她在英國舉目無親，而且劍橋是全世界頂尖的學府等等。除了她自己，以及另外一個人之外，大家都沒當一回事。

母親認為有必要弄清楚女兒的夢想有沒有一點點可能性，於是開始進行了解。她發現女兒可以申請獎學金，甚至還找到便宜的機票，可以讓她們一起去英國親眼看看劍橋，來一場「視覺體驗」。她們千里迢迢飛往倫敦，停留在劍橋的期間全都下著雨，母女倆沒有跟任何校方人員面談，只是在校園裡踱步，想像在這裡讀書的感覺。赫芬頓的夢想因此進一步受到鼓勵，一旦符合資格，她便馬上提出入學申請。

劍橋大學接受了赫芬頓，還提供獎學金。她非常開心，其他人則是一片訝異（當然除了媽媽之外）。十六歲的她前往英國，最後取得劍橋大學經濟學碩士學位。二十一歲的時候，她成為著名的「劍橋辯論社」第一位女性主席。

赫芬頓現居美國，撰寫了十一本關於文化歷史與政治的著作，她是全國性刊物的專欄作家，也是國家公共電台十分受歡迎的政治圓桌節目「左派、右派與中間」（*Left, Right & Center*）的主持人之一。二〇〇五年五月，《赫芬頓郵報》（*Huffington Post*）開始運作，這是綜合新聞與部落格的網站，在網路的眾多媒體品牌中，擁有非常廣泛的讀者群，內容也經常被引用。二〇〇六年，《時代》雜誌將她列入全球百大影響力人士。

即便赫芬頓如此成功，她深知追求成功的最大障礙，可能就是自我懷疑與他人的否定，她認為這在女性身上尤其嚴重。「每當我邀請女性為《赫芬頓郵報》寫文章，她們經常會懷疑自己的意見是否有價值，甚至專業作家也有這種態度，令我十分驚訝……。女性經常自己打消某些念頭，只因為我們不想面對失敗的風險。我們非常在意別人的肯定，面對風險的時候，便逐漸傾向消極態度。

女性依然跟『權力』與『領導人特質』繼續進行拉鋸戰。我們心中有一種已然內化的恐懼，認為自己若是掌握權力，在別人眼中將顯得冷酷無情或咄咄逼人等與女性特質相反的模樣。權力與女性特質似乎是相互排斥的因素，我們至今依然無法完全克服這種恐懼。」

赫芬頓表示，她早期追求夢想之際，有兩個主要的正面因素。第一是「初生之犢不畏虎」：

第一次嘗到擔任領導者的滋味時，我是個天真無知的局外人。那是在大學，我成為劍橋辯論社主席的時候。因為我在希臘長大，從沒聽說過劍橋辯論社或牛津辯論社，也不清楚它們在英國文化的地位。英國女學生因為了解這種沉重的背景因素，或許完全不敢動念爭取主席的位子，但我卻因為無知而免去這種壓力……。就此而言，我遠離家鄉開創事業，其實算是福分。雖然我還是遇上困難，因為口音被取笑、因為用字遣詞滑稽而被瞧不起，但我也因而了解，相較於自我批判與內心的恐懼，其實別人的批評還比較容易克服。

第二個因素是母親給她堅定的支持：

如果沒有母親，我就不可能有任何成就。母親給我安全感，讓我感覺她無論如何都會支持我，不論我成功或失敗。我希望自己也能做個這樣的母親，讓我的女兒也覺得她可以追逐天際的星星，即便她失敗了，我對她的愛依然絲毫不減。母親幫助我了解「失敗」是生命必經之路。

群體思考的危險

父母與家人對我們有重大影響力，或許正面，或許負面。然而，在我們還年輕的時候，更強烈的影響力則來自於朋友。我們無法選擇家人，卻可以選擇朋友，並且將朋友視為家庭之外，讓我們獲得更多認同的管道。因此，朋友與其他社會團體的標準或期許，也可能對我們形成沉重的壓力。

發展心理學家哈里斯（Judith Rich Harris）研究朋友與同儕對年輕人的影響，發現影響個人發展的因素主要有三種：個人性情、父母、同儕，並認為同儕的影響力大過於父母。她說：「孩子與同儕的共同環境，可以塑造孩子的行為，並改變孩子天生的個性，因此決定了孩子在未來會成為怎樣的人。」

兒童透過歸屬於某個團體之後的認同感，決定他們的行為模式，並且仿效團體內共同的態度、行為、說話方式，以及穿著打扮。「多數孩子都不自覺，並自願採取上述行為，因為他們希望跟同儕一樣。一旦他們出現任何怪異的想法，同儕也會立刻讓他們知道身為異類必須付出的代價……。」

因為破壞規矩就會被排除於團體之外，於是我們為了維繫同儕關係，可能因而否決了自己心靈深處的熱情。在學校裡，如果大家認為物理學沒意思，你便會隱藏自己對物理的興趣。你把午後的時間都用來打籃球，但你真正想做的，其實是研究烹飪的五種基本醬料。你從不表示自己對嬉哈文化的興趣，因為身邊同行的人認為這種街頭文化沒水準。因此，你是否能脫離這種社交圈，可能就決定了你能否找到天命歸屬。

卡爾特（Shawn Carter）出生於紐約布魯克林區的廉價住宅區。他也就是當今非常成功的當代樂手與商人——傑斯（Jay-Z），是全世界無數人的偶像。為了取得現在的成就，他首先必須克服的，就是從小在布魯克林區街上一起長大的朋友與同儕對他的否定與懷疑。他談到自己初期的成就時表示：「我離開成長環境的時候，大家都說我瘋了。我在街頭混得很不錯，所以身邊的那些傢伙都說：『饒舌歌手都是婊子，他們只是錄音、巡迴，把家人丟在一邊，然後讓白人把他們賺的錢都榨乾。』我決心要改變這種印象。」

他的偶像是音樂企業家西蒙斯（Russell Simmons）。如今，傑斯也同樣掌管了多元化的企業王國，其中的根基就是他身為樂手的成就，但他也超越音樂界，跨足時裝業與唱片公司。這些事業幫傑斯創造龐大的個人財富，當初他必須排開布魯克林老家的朋友才能開創自己的路，如今卻能重新贏回他們的尊敬。

某些極端的例子指出，同儕團體也可能陷入心理學家詹尼士（Irving Janis）所稱的「集體思考」。當人們與某個凝聚力強、同質性高的團體建立了深厚關係，就可能進行「集體思考」——成員間努力追求一致性，因此壓抑了務實評估其他可行性的動機。其中的主要信念就是信任集體思考，如果某項決策或方向似乎代表了大多數成員的意見，就無須接受審慎的檢視，即使成員已直覺感應到其中的錯誤亦然。

關於集體思考有幾項著名（且惡名昭彰）的研究報告，包含心理學家艾希（Solomon Asch）的「從眾行為」實驗。一九五一年，艾希集結幾組大學生，每組八到十人，他對他們表示實驗目的是研究視覺認知。然而其中只有一個學生不知道實情，其他人都清楚知道實驗的性質，並接受艾希的指導，針對大部分問題提供錯誤的答案。真正的研究對象（唯一沒有接受事前指導的學生）被安排在聽完別人的答案之後，才輪到他作答。

艾希給學生看一張卡片，上面畫了一條線，然後舉起另一張卡片，請學生指出其中哪一條的長度與上一張卡片的線條一樣。雖然答案很明顯，但知情的學生在艾希的事前指導下，都選擇另一條線。輪到研究對象的時候，集體思考的作用就發生了，在多數的實驗中，研究對象至少有一次會違逆明顯的視覺證據，選擇與群體一致的答案。

接受事後訪問時，多數研究對象都表示明知自己答錯了，卻不想獨排眾議。艾希認為：

> 社會上的從眾傾向如此嚴重，致使才智與心性都正常的年輕人寧願指鹿為馬。此現象殊堪憂慮，也令人質疑現行的教育方式，以及向來規範大眾行為的價值觀。

管理學作家哈維（Jerry B. Harvey）舉了另一個著名的範例，被稱為「艾比林矛盾」

（Abilene Paradox）。故事是這麼說的：在德州寇曼市一個炎熱的午後，一家人在陽台上悠閒地玩著骨牌，爸爸突然建議大家一起到北邊五十三哩之外的艾比林市吃晚餐。哈維這麼描述當時的情景：

女兒說：「這個主意好像不錯！」女兒的先生心裡有些不情願，因為這段路漫長又炎熱，但他以為自己的意見跟其他人不一樣，於是說：「我也覺得不錯，但不知道媽媽想不想去？」媽媽接著說：「我當然也想去囉！我很久沒去艾比林了。」這趟車程確實漫長、炎熱、風塵瀰漫，到了餐廳又發現食物也不怎麼樣。四個小時之後，他們筋疲力盡回到家，其中一個人昧著良心說：「今天很好玩，是吧！」

媽媽這時說她寧願待在家裡，只是因為其他三個人都那麼想去，她才勉強配合。女兒的丈夫說：「我也不想去，只是想順著你們罷了。」女兒說：「我是為了讓你們高興才同意的，天氣那麼熱，要不是瘋了，誰想出門啊！」爸爸則說，他只是怕大家可能有點無聊，才會提議出門。

一夥人癱在椅子上，弄不懂他們為什麼決定去一個沒人想去的地方。每個人都寧願在家裡舒舒服服坐著，卻沒敢承認，白白浪費了悠閒的午後時光。

這個故事帶點趣味，卻非常鮮明地指出集體思考的後果。每個人都錯以為其他人的意願很高，因而違背己見同意了，結果卻是每個人都不開心。

一粒老鼠屎壞不了一鍋粥

任由集體思考決定我們自己的前途，可能也會導致同樣不愉快，而且影響甚鉅的後果。你若接受群體的意見，認為物理學很無聊、打籃球強過於學烹飪、嬉哈的水準太低，那麼不僅對你個人，甚至對團體都可能產生負面影響。事實或許就跟「艾比林矛盾」的故事一樣，其實其他人心裡都反對，卻不敢違逆團體意見；**集體思考很可能反而損害了群體的整體力量。**

校園內經常出現尋找天命的障礙，一部分是科目階級制度，造成許多學生沒有機會發現自己真正的興趣與天分。但是在整體教育文化中，不同的社交團體又形成獨特的次文化。有些團體就是認為用功的人不夠酷，那麼喜歡科學的你被主文化認為是怪胎，喜歡藝術或舞蹈的被看成沒出息，但在這些團體的眼中，這些才能反而是不可或缺呢！

群體的力量在於認可成員的共同利益，集體思考的危險則是抹滅了個人判斷力，一個團體若思想一致、行動一致，那麼跟一群魚有什麼不同？

你可能看過一大群魚一同游水的景象，牠們有嚴密的隊形，可以瞬間同時轉彎，就好像是單一的生物體。或許你也看過昆蟲蜂擁飛過天際，隨機俯衝或打轉，好似經過精心排練。這些精采的動作似乎是經過控制的理性行為，但個別的鯡魚或蚊子並不像人類，不是按照自由意志行事。牠們跟著群體行動的時候，心裡在想什麼，我們不得而知，只知道牠們當時的動作就像單一生物體，研究人員現在也逐漸解開這些生物現象背後的謎團。

魚群整齊畫一的轉向動作，可能是因為感應到其他魚隻的動作，於是立刻追隨。看起來或許是精心編排的傑作，但可能只是「追隨領袖」的反射動作做得優雅一些罷了。現在甚至有電腦程式可以精準模擬昆蟲與魚群的動作。

同樣的行動準據也適用地球上最古老也最成功的生物——螞蟻。如果你看到一隻螞蟻在廚房地板上四處遊走，尋找食物屑，你其實感受不到這個族群的智慧。然而，蟻窩的建構卻是非常有效率且成功的奇蹟。螞蟻仰賴的是所謂的「群體智慧」（swarm intelligence），目前正是科學研究的熱門主題。研究人員雖然尚未完整了解螞蟻如何發展出這麼精密的團隊合作方式，卻已經知道個別螞蟻能夠像軍人一樣準確執行特定任務，達成總體目標。

例如，尋找食物的時候，一隻螞蟻先走出一條路徑，在身後留下費洛蒙，下一隻螞蟻循著這條路徑，也留下自己的足跡，於是一群螞蟻就這麼通往食物所在地，再一起將食物搬回蟻窩。每隻螞蟻都是為了整體目標而工作，但並沒有哪一隻負責領導。事實上，蟻群似乎沒有任何階級制度；即便是蟻后也只負責下蛋。魚、螞蟻、蚊子等生物的群體協調行動，基本上屬於自我保護、交配與繁衍，以及覓食與躲避掠食者等行為。

人類其實也相去不遠，我們之所以集結為各種團體，也是為了這些攸關生存的原始目的。群體的好處是提供相互支持的堅強力量，壞處則是助長了全體一致的思想與行為。**既然追求天命的重點在於發現自我，你若被困在一個必須從眾的環境中，便無法發現自我，因為你無法在群體裡成為獨立個體。**

文化障礙

除了家人與朋友可能造成的社會壓力之外，整體文化環境也有隱性的限制因素。我給文化的定義是「個別社會團體共有的價值觀與行為模式」。文化就是一個尋求許可的系統，在每個社群裡，都有某些態度與行為被認為合理或不合理、被讚許或被責難。你若不了解文化習俗，很可能讓別人留下惡劣印象。

加州馬里布的海灘上，一個搞不清楚狀況的人讓我留下了難以抹滅的印象。這人昂首闊步慢慢走進人群，整個人形成一幅突如其來的異象，讓海灘上原本彼此陌生的眾人，突然產生一致對外的團結感。他大約四十歲，我猜想應該是主管級人士，也可以想像在別的環境裡，他應該是傑出的人物，但當時可不是。在這個到處都是跑步機、健身文化盛行的環境裡，他太蒼白、體毛太多、皮肉鬆弛，顯然過著白天上班、晚上混酒吧的生活。但這些我們都可以接受，唯一不可原諒的是，他穿著豹紋尼龍丁字褲。

丁字褲像氧氣面罩似的罩著他的鼠蹊部，一條鬆緊帶束著他的腰，在背面緊緊卡在他兩片光禿禿的屁股中間。他就這麼在海灘上遊行示眾，引起眾人一波波詫異的眼光。他顯然很享受大家的注目禮，好像相當自詡為火熱身材與性感型男的典範，一路沐浴在被眾人豔羨的閃耀陽光中。儘管如此，還是有人給予肯定，我旁邊一位男士說：「起碼重點部位沒有露毛。」

為什麼大家都無法克制地訕笑呢？不單是因為他對自己的吸引力有那樣誇張的高度自信，也因為他實在太過於格格不入。他的穿著與態度在法國南部可能算是得體，但在馬里布卻處處可被挑剔。加州海灘上的男人有個不成文的規矩，微妙地混合了虛榮的炫耀與公開場合的謙遜。油亮亮的上半身、波濤洶湧的肌肉都沒問題，但亮出屁股就不行。全美國各地都存在著這種色欲與拘謹錯綜混雜的價值觀。

不久之後，內人和我前往巴塞隆納，市中心港口的邊緣環繞著沙灘。每到夏日午休時間，附近辦公室就湧出年輕男女，前往市區的沙灘做上空日光浴，有的只穿著丁字褲。這在西班牙是完全正常的做法，你在這裡穿著及膝短褲和T恤反而會引來異樣眼光，當地的文化就是可以接受你幾近全裸在海灘上閒晃。

所有的社會文化都會產生我所說的「傳染行為」，最好的例子就是語言，尤其是口音與方言最能凸顯我們仿效、從眾的傾向。在蘇格蘭高地或蒙大拿州荒地土生土長的人，如果不會說當地的方言或沒有當地口音，甚至一口異地方言或口音，豈不奇怪？如果還自動能說法語或希伯來語，就更令人瞠目結舌了。兒童都有仿效的自然傾向，成長期間不只吸收他們聽到的語音，也包含其中傳達的情感與文化因素。文化基因深植於語言，我們學習語言、口音、說話方式，也就等於學習思考方式、情感，以及文化認同。

你成長的文化環境不僅影響你的價值觀與生命態度，同時也影響你的身材、外貌，甚至腦部結構。語言在這裡也是很好的例子。你一邊學著說話，嘴部與發聲器官的生長也跟著調整，以便適應母語的獨特發音。如果你成長期間只會說一、兩種語言，長大之後的生理條件可能很難適應外語發音，或其他文化環境視為天經地義的語音。例如法文的喉音、西文的唇音，或是亞洲語言的抑揚頓挫。學習外語的時候，你可能必須重新訓練身體，才能正確發音。但母語文化的影響則已經根深柢固，植根於腦部的實際結構。

近幾年出現一系列十分有趣的研究計畫，試圖檢視西方人與東亞人在視覺認知上的差異。結果顯示，我們成長的文化環境確實影響了我們觀察周遭世界的方式。其中一項研究邀請西方人與亞洲人觀察，並描述一連串的圖片，結果顯示兩者之間有明顯的差異。基本上，西方人通常專注在畫面的前景，或他們認為是主體的部分，亞洲人則傾向於綜觀整體畫面，包含不同元素之間的關係。例如，一張圖片以叢林為背景，其中有一隻老虎，你問西方人看見了什麼，典型的答案是「一隻老虎」。讀者您若是西方人，想必認為這個答案很合理，不過，亞洲人的答案幾乎都是「這是叢林，裡面有一隻老虎」或是「叢林裡的一隻老虎」。這其中的差異十分明顯，也反映出西方人與亞洲人不同的世界觀。

亞洲藝術通常較不重視肖像或單一主體，但西方藝術卻十分常見。亞洲文化較為強調團體，而非個體。西方哲學從古希臘時期開始就強調批判推理、邏輯分析，以及事物的分門別類。中國哲學較不仰賴邏輯或演繹推理，通常重視的是事物之間的關係或整體性。這些認知上的差異有可能衍生為記憶與判斷上的差異，一項調查研究也指出，這種差異若假以時日，也可能形成兩者之間在腦部結構上的不同。

伊利諾州與新加坡的研究人員邀請一批年輕人與老年人觀看一系列圖像，包含各種不同的主體與背景，同時使用功能性核磁造影，觀察他們的腦部活動。重點放在腦中的側枕葉複合區，這是處理視覺資訊的部位。所有的年輕人都呈現相似的腦部活動，但年長的西方人與亞洲人在神經反應方面卻出現明顯差異，西方人的側枕葉複合區依然活躍，亞洲人卻只有非常微幅的反應。

新加坡認知神經科學實驗室的齊麥可（Michael Chee）教授是設計該研究的學者之一，他的結論是：「兩組老年人各來自於不同地理位置，因此也是不同的文化環境，負責處理背景與主體的大腦區塊，也各自呈現不同的運作方式。」帕克（Denise Park）博士是伊利諾大學心理學教授，也是該項研究的資深研究員，她認為這些差異的存在，可能是因為東亞文化的相互依存度較高，個體通常長時間觀察身邊的環境與他人。西方人著重個體與核心物體，因為西方文化通常較為獨立，且較為注重自己，而非他人。帕克表示，研究結果顯示，文化確實可以影響腦部結構。

至於影響的程度與範圍如何，目前也是各地研究人員相繼投入的主題。較為確定的是，我們的世界觀確實受到文化的影響，不僅是觀念上的影響，甚至實際影響到你看見的影像。文化環境對每個人都有這種潛移默化的作用。

文化人類學家拉派爾（Clotaire Rapaille）指出，每個文化環境都有一套不成文的「成功守則」。規矩與原則對多數人來說都是透明的（除了對那位丁字褲男子），從一個文化進入另一個文化的人，通常可以輕易察覺不同的規矩與原則。**成功守則是特定文化環境累積了世世代代的演進結果，除了幫助你成功之外，卻也規範了種種的限制。如果你的熱情違逆了文化環境，這些限制因素便很可能阻礙你尋找天命。**

人們每每在衝破界線之後，才能激盪出幅員深廣的社會運動。搖滾、龐克、嬉哈等重要社會文化變革，背後的驅動力通常是年輕人追尋另一種生存意義。青少年的叛逆通常表現在標新立異的說話方式與穿著風格，試圖藉此逃離主流文化，但最後卻也在他們的次文化中，建立了屬於他們的從眾壓力與正統習俗，與他們反抗的主流文化並無二致。你如果穿著精品服飾，例如亞曼尼的西裝，大概就很難被嬉皮圈接受。

如果個人的熱情與文化環境相衝突，那麼不論是主流文化或次文化，都可能形成限制因素，阻礙個人追尋天命。某些人在一個文化裡出生，最後卻投入另一個文化，因為他們更適合後者對情感與生命的觀點，好似是文化反串秀，法國人變成了親英派人士，或是美國人變成了親法分子。就像改變宗教信仰的人一樣，我們對自己後天選擇的文化通常比較熱衷。

如果你希望經營小店面，希望能叫出所有上門客人的名字，那麼你或許就不適合都會文化。如果你想成為挖苦政治界的漫畫家，美國中部的文化對你來說就不盡理想，這也是為什麼鮑伯．狄倫必須離開希賓市，赫芬頓必須離開希臘。為了尋找天命，有時必須離開家鄉文化，才能達到你的目標。

逆流而上

哈蒂（Zaha Hadid）是第一位獲頒普立茲建築獎的女性，她在一九五〇年代出生於巴格達。當時的伊拉克還沒轉變，宗教意味並不很濃厚，對西方思想也採取比較開放的態度。許多伊拉克女性都能夠開創野心勃勃的事業，但哈蒂的願望是成為建築師，家鄉並沒有可供追隨的女性典範。在熱情的驅使下，哈蒂先移居倫敦，接著前往美國，跟隨偉大的當代建築師鑽研建築，磨練出創新的建築風格，創造了曠世奇作。但她剛開始的路程十分崎嶇，要接受她的作品，在概念上需要冒險往前跨一大步，很多客戶在初期並不願意配合。

她的作品包含俄亥俄州辛辛那提市的當代藝術中心，《紐約時報》譽為「冷戰時期以來最重要的美國新建築」。哈蒂脫離家鄉文化，進入一個鼓勵創新的社會，讓她有機會展翅飛翔。如果她繼續留在伊拉克，或許也能有個不錯的生涯，起碼在政治環境開始對女人不利之前都還可以。但她可能就無法發現自己在建築領域的天命，因為她的家鄉文化並不提供女性這項選擇。

魚群、蟲群、人群之間的感染行為都是因為比鄰的距離才可能產生。在人類歷史上，大多是距離相近的人群彼此產生直接互動，才形成了文化認同，例如小村莊或是地方社區。過去只有因為侵略、軍事征戰、交易，才可能產生大量移民，或將文化思想、語言、生活方式強加於其他社群。

近兩百年來，由於全球通訊的成長，上述情形已不復存在。當前的感染行為主要透過網際網路，以更龐大的規模進行。線上虛擬人生遊戲——「第二人生」（Second Life）已經擁有散布全世界各角落的數百萬玩家，很可能彼此影響對方的思想，以及虛擬的身分與角色。

如今有許多人的生活就像俄羅斯娃娃，包裹著一層又一層的文化認同。例如我近期讀到的一段文字：身為現代英國人的意義就是「開著德國車回家，半路停車買一手比利時啤酒、土耳其烤肉餅，或印度外帶餐，回家之後坐在瑞典家具上，打開日本電視，欣賞美國節目」，其中最有特色的就是英國人的態度——我們不信任任何外國貨。

當代文化的複雜性與變動性可以讓人更輕易轉換情境、脫離集體思考的壓力，或免於被定型；但也可能令人無限迷惘與不安。本書傳達的訊息並非僅是「不要讓任何人阻擋你的路」；家人、朋友、文化，以及你的社會地位，都攸關你的自我實現，就某種程度而言，你也必須對這一切負責。我真正希望傳達的訊息是：追尋天命之際，你或多或少都必須考量個人、社會、文化這三個因素所可能產生的影響。

為了到達天命狀態，有時候就像克羅斯的遭遇，你必須想方設法排除頑強的限制因素；有時候又像科爾賀的故事告訴我們的，面對嚴酷的阻力也不能失去你對未來的憧憬；有時候則像哈蒂帶給我們的榜樣，你得脫離熟悉的生活，投入一個更適合你發展的環境。

追根究柢，問題就在於「你願意付出多少代價」？進入天命之後的收穫雖然豐厚，但在你收割之前，或許得先克服堅如鐵石的阻力。

Chapter

07

幸運來自你的態度

「幸運」的人找到熱情，
也有機會實際去追求熱情；
「不幸」的人則不斷遭遇挫折。
只是每個人都會碰上或好或壞的際遇，
際遇並不能完全左右你的生命，
重要的是你面對際遇的態度。

你的強項與熱情若能結合，才能踏上通往天命的路途，但事情並不僅如此。你對自己的看法，以及生命中的際遇，也都有決定性的影響。你的態度，就是攸關尋得天命與否的重要因素。

一九三一年十月的一個雨天，十二歲的威爾森（John Wilson）到斯卡波羅高中上化學課。他踏進教室的時候，並不知道自己的人生即將全面改觀。當天的課堂實驗是敲擊盛水的容器，然後觀察撞擊力造成氧氣泡泡往上升。不論是這個學校，或全世界各地的學校，長久以來都讓學生做這項實驗。然而，老師這天發給威爾森加熱的容器卻跟其他人拿到的不一樣。不知為何，這個容器裝的不是水，而是揮發性更高的物質，後來才知道是實驗室助理不小心貼錯了標籤。威爾森把容器放在本生燈上加熱，容器便爆炸了。玻璃碎片炸開來，炸毀部分教室設備，利刃般的碎片也立刻射向學生，造成數名學生受傷流血。威爾森因此雙眼失明了。

他住院兩個月。回家之後，父母努力想要面對從天而降的災難，但威爾森並沒有把這次意外看成災難。他接受倫敦的《時代》雜誌訪問時說：「我甚至不覺得悲慘。」他知道自己還有很長的人生，可不打算因此虛擲生命。他很快學會點字法，進入校譽卓著的烏斯特盲人學院（Worcester College for the Blind）繼續學業。他在校中不僅課業優異，也變成划船、游泳、戲劇表演、音樂、朗誦的高手。

從烏斯特畢業之後，威爾森前往牛津攻讀法律。在一個缺乏盲人保護設施的環境裡，他必須適應繁忙的校園，以及附近的街道。但他並不仰賴拐杖，而是他敏銳的聽覺，以及他自稱為「障礙覺」的感應，藉此躲避危險。他拿到牛津的法律學位，開始為「國家盲人協會」（National Institute for the Blind）工作，但他真正的天職卻還在未來等待著他。一九六四年，威爾森前往英國在非洲與中東的一些屬地，發現這些地方的盲疾非常普遍，但不是像他因為意外而失明，這些導致失明的疾病，其實可以透過適當的醫療措施加以預防。對威爾森而言，他可以接受自己的命運，卻無法放任輕易就能預防的情況不斷惡化下去，因此決定採取行動。

威爾森返國後遞交的報告，催生了「大英帝國盲人協會」（British Empire Society for the Blind），也就是現在的「救盲協會」（Sight Savers International）的誕生。威爾森擔任協會主席長達三十年之久，在任期內締造許多事蹟。

這份工作讓他每年奔波五萬五千哩以上的距離，他認為這是工作中很重要的一部分，因此堅持自己必須親臨服務範圍所及的各地。例如，一九五〇年，他曾與妻子一同住在迦納的土屋裡，為的是該國境內百分之十的人口因病導致失明，使得迦納被稱為「盲人國」。這種因為蟲咬而引發的疾病，一般稱為「河盲症」（river blindness）。威爾森帶領工作團隊推動預防計畫，讓河盲症肆虐的七個非洲國家的孩童都接受藥物「邁克替占」（Mectizan）的治療，從而獲得根治。到了一九六〇年代初期，河盲症疫情已能有效控制。如果我們說，幾代以來的非洲兒童都是因為威爾森才看得見，這種說法並不誇張。

在威爾森的指導之下，「救盲協會」進行了三百萬次的白內障手術，並且讓一千兩百萬有失明危險的人接受治療。他們提供超過一億劑的維他命A，用以預防幼年失明，並在非洲與亞洲地區發送點字學習教材給需要的人。因為威爾森下定決心打擊可預防的疾病，使數千萬人得以保全了視力。

威爾森退休之後，夫妻倆繼續將充沛的精力投入世界衛生組織的「影響」（Impact）計畫，協助預防各種可能導致殘障的疾病。他在一九七五年受封爵士，也得到海倫凱勒國際獎、史懷哲國際獎，以及世界人道獎。為了預防盲疾與所有可避免的殘疾，他持續扮演舉足輕重的積極角色，直到一九九九年辭世為止。

為他撰寫傳記的作家寇爾斯（John Coles）在《盲疾與遠見：威爾森的生平》（*Blindness and the Visionary: The Life and Work of John Wilson*）當中提及：「無論從任何標準檢視，他都足以與所有偉大慈善家相提並論。」他的成就也被認為與諾貝爾和平獎得主德蕾莎修女齊名。

與威爾森爵士有相同遭遇的人，可能鎮日為自己的生命唉聲嘆氣，認為自己被厄運詛咒，無法再創造有意義的生命，因而沮喪不已。然而，**威爾森一直認為，雙眼失明是「一件麻煩事，但絕非令人一蹶不振的痛苦」**，他的人生態度殊為典範，帶給世人無比的激勵與啟發。

他失去視力，卻仍具有遠見，也轟轟烈烈證實了生命並非由過程中的遭遇來決定，而是你面對遭遇時所採取的態度。

以積極的態度「走運」

我用這些已經找到天命歸屬的人當作例子，似乎冒了某些風險。這些故事當然發人深省，但也可能讓人氣餒，畢竟故事主角似乎都有天賦異稟，也有幸得以實踐熱情，並因而超群越眾。我們大可把他們的幸運歸諸於偶然的運氣，他們確實也常表示自己很幸運；如同厭惡自己現階段工作的人，也常說自己運氣不好。當然，「幸運」的人找到熱情，也有機會實際去追求熱情；「不幸」的人則不斷遭遇挫折。**只是每個人都會碰上或好或壞的際遇，際遇並不能完全左右你的生命，重要的是你面對際遇的態度。**透過「幸運」的概念，你可以清楚看出一個人的基本態度將如何影響他能否尋得天命。

形容自己幸或不幸，就暗指我們只是偶然機運的受益人或受害人。如果找到天命歸屬只是一種運氣，那麼你豈不是只能雙手合十，期盼自己哪天也能走運？要當個幸運之人，可不能光是等待，許多學術研究與個人經驗都指出，幸運之人通常是用他們的態度創造了運氣。

本書第三章討論創造力的概念，最主要的目的就是告訴你，每個人都有極大的空間可以創造或塑造生命情境。你若只是空等待，卻真有好事發生，那你真的很走運。但書中介紹的人物卻全是以積極的態度「走運」，他們的態度與實際作為配合得天衣無縫，因而能發掘機會，並自信滿滿地把握機會。

態度之一，就是分別從不同的角度看待眼前的狀況。你的認知能力不見得總是完全發揮，就像筆者在前幾章所說的，不同文化的人對周遭世界的認知方式也十分不同。但文化背景相同的人，也可能對同一件事產生南轅北轍的解讀方式，端看他們的預設立場與目的如何。暢銷作家與頂尖勵志演說家羅賓（Anthony Robbins），透過一個簡單的活動說明這個道理。在為期三天的研討會期間，他要求數千名與會者數一數身邊有多少綠色衣物。幾分鐘後，他開始詢問答案，同時也問他們看見多少紅色衣物。多數人都說不出來，因為羅賓剛才請大家數的是綠色衣物，所以他們只專注在綠色。

心理學家韋斯曼（Richard Wiseman）在他的著作《幸運的配方》（*The Luck Factor*）裡，描述他研究了四百名特別幸運與不幸的人，他發現自認幸運的人大多展現類似的態度與行為，自認不幸的人則展現相反的特質。

韋斯曼指出幸運人士的四個特徵。首先，**幸運的人常能讓運氣發揮最大效益**，他們特別懂得創造機會、察覺機會的存在，並且在機會出現時善加利用。其次，**他們懂得聆聽自己的直覺**，並採取輔助措施（例如冥想），幫助自己提升直覺能力。第三個特徵是慣於預期自己的好運，**不論做什麼事，他們的心態都是預期正面的結果，因此也不斷創造自我應驗的預言**。此外，**幸運之人也不允許自己被厄運箝制**，在情況不利的時候，就快速採取行動控制情勢。

韋斯曼博士曾做過一項實驗，指出人們對運氣的看法可以發生什麼功用。他請了一群演員，把他們安置在附近的咖啡店裡扮演尋常人士，然後在店外的人行道放了一張鈔票。接著，他請一位自認幸運的實驗對象去這家咖啡店。這位幸運人士發現地上的鈔票，撿了起來，走進咖啡店給自己買杯咖啡，同時請旁邊的陌生人也喝一杯。他和陌生人聊了起來，最後相互交換名片。

接下來，韋斯曼博士請一位自認不幸的實驗對象也去咖啡店，他踩過鈔票走進咖啡店，買了杯咖啡，沒有跟任何人互動。後來，韋斯曼詢問兩位實驗對象是否碰上什麼幸運的事。前者表示撿到鈔票，也認識新朋友，後者則說他想不到有遇到任何幸運的事。

敞開心胸、接受新機會的方法之一，就是「刻意」用不同的角度看待尋常的情況，你將因此把世界看成一個充滿可能性的地方，並善加利用某些大有可為的機會。羅賓與韋斯曼都告訴我們，如果你關注的焦點過於狹隘，可能因此錯失身邊不斷循環出現的機會。

另一個可以讓你得到「好運」的態度，就是重整旗鼓的能力。當你發現情況無法按照原先的計畫進行，能夠很快將之導向正面的方向。

幸或不幸

如果事情的發展與現在不同，我很可能根本不會寫這本書，你也因此不會讀到這本書。我可能在英國經營體育酒吧，如果有人願意聽我細數過去踢足球的豐功偉業，我就好好招待他。我在利物浦長大，家庭成員眾多，有好幾個兄弟和一個姊妹。父親曾是業餘足球選手與拳擊手，就跟其他家族成員一樣，他對當地的艾佛頓足球隊非常熱中，附近鄰居無不夢想著自己的孩子可以加入艾佛頓隊。

直到我四歲為止，整個家族都認為我就是可以變成艾佛頓隊員的那一個。我健康又好動，而且有足球天分。當時是一九五四年，歐洲與美國的小兒麻痺疫情正處於高峰。有一天，母親到托兒所接我，發現我因為頭痛欲裂而嚎啕大哭。我小時候並不愛哭，所以母親非常擔心。醫生到家裡來看診，認為我得了感冒。但隔天早上的情況顯示醫生診斷錯誤，我已經完全癱瘓，無法動彈。

接下來幾個星期，我都待在地方醫院的小兒麻痺隔離病房，被列在緊急名單上。我完全失去了雙腿與某部分身體的功能，連續八個月都住在醫院裡，身邊全是因為突然癱瘓而痛苦掙扎的孩子，有些孩子接著人工呼吸器，有些孩子沒能熬過來。

慢慢地，我又開始能使喚一部分左腿，（感謝老天）還有兩隻手和其他身體部位，至於右腿則完全癱瘓。我在五歲的時候坐著輪椅出院，穿戴著兩副支架。

原本等待著我的足球生涯差不多就此終結。不過，按照艾佛頓隊最近的表現看來，我可能還是有資格加入他們。

我的父母和家人都因為這場疾病受到沉重的打擊，我成長期間，他們最擔心的就是我往後該如何營生。父親與母親很清楚我必須好好利用我的天分，雖然當時還不知道我的天分在哪。他們認為最重要的，就是讓我接受最好的教育。我在求學期間也因而承受更大的壓力，必須好好做功課、好好考試。這並不容易，畢竟我生長在一個親密的大家庭，屋子裡老是坐滿訪客，也總是溢滿喧譁與笑聲。

除此之外，這是一九六〇年代初期的默西塞德（Merseyside），到處都聽得到搖滾樂，而且是很大聲的搖滾樂。我兄弟依恩是樂團的鼓手，每星期在家裡集合團員，我一邊努力想要找出代數跟拉丁文的關連，他們一邊在隔壁房間排練。課本和音樂節奏不斷交戰，兩邊都希望取得我的注意力，課本通常大吃敗仗。

儘管如此，我還是跟其他男孩一樣，知道自己得考量未來的問題，我必須盡量發揮僅有的能力。如今足球已經被剔除，而儘管我很愛音樂，卻沒有一點可以拿來說嘴的音樂天分。在父親的良性壓力之下，我最後終究完成了學業，繼續到大學深造，並在大學期間逐漸找到了影響我一生的興趣。

我不知道自己原本可以變成什麼模樣的足球選手，但我知道小兒麻痺雖然緊緊關上通往足球場的門，卻為我開啟了更多的通道。當初得病的時候當然沒有意識到這一點，包含我的家人也一樣。但父母親在當時的狀況中能夠重整旗鼓，盡力讓我專注在學校課業，我也同樣在遭遇中重整旗鼓，將悲劇轉變成出乎意料的機會，並繼續開發這些機會，讓各個機會發揮相乘的效果。

另外有一個人也是被拒絕在足球大門之外，只是他走了跟我不同的另一條路。沙宣

（Vidal Sassoon）是美髮界的名人，在一九六〇年代，他的客戶包含當時的大明星與偶像，例如瑪莉．關（Mary Quant）、辛普頓（Jean Shrimpton），以及米亞．法蘿（Mia Farrow）。他的創新作品包含短鮑伯頭、五點式幾何剪髮，以及希臘女神風，並且取代了一九五〇年代流行的蜂窩頭。

以堅強意志跨越限制

沙宣的童年在倫敦東區度過。父親拋棄了母親，他們被阿姨收容，沙宣和其他四個孩子一起住在阿姨的兩房公寓。後來情況惡化，母親把他和另一個兄弟送進孤兒院，六年之後才有能力再把他們接回家。青少年時期的沙宣熱切渴望成為足球選手，但母親堅持要求他去當美髮學徒，認為這個工作比較穩當。他說：

我當時十四歲。在英國，除非你家世很好，否則在這個年紀就必須面臨離開學校討生活的命運。我跟著一個好人當學徒，他是在白教堂路上執業的柯恩，是個非常有紀律的人。那年是一九四二年，還是大戰期間，幾乎每天晚上都有炸彈從天上掉下來。倫敦被德國空軍摧殘，我們每天上班還是必須把手指洗乾淨、褲子燙平、鞋子刷亮。跟著他的這兩年，他要求的紀律雖然造成不便，卻讓我的生活獲得必要的規律性。

在那之後，我休息了一陣子，因為我還不確定是否要進入美髮界，而且我那麼熱愛足球。最後決定的因素，我想大概是因為可以看到很多漂亮女生，當然，還有我母親在後面推動。剛開始，因為我有東區口音，所以像雷蒙這種西區的大型美髮店都不願意雇用我，那個時代就是這樣。

他花了三年的時間上正音課，好讓他能在比較好的美髮店找到工作。

我知道我得學著經營自己，所以我晚上還到其他美髮店教課，用我的小費坐公車去西區看戲。我可以趕上早場，欣賞偉大的莎劇演員，像是勞倫斯．奧利佛（Laurence Olivier）或吉爾古德（John Gielgud），設法模仿他們的聲音。

一九五四年，他和人合夥開了一家很小的美髮店，位於倫敦相當時尚的龐德街上，一棟建築的三樓。

龐德街很奇妙，它代表了西區，就是當初沒有人要雇用我的地方。打進西區就表示我要成功了，我決心要改變、要創新，否則寧願離開美髮界。對我來說，美髮不只是讓頭髮蓬鬆或編髮型，而是整體架構，以及視覺效果。

他們開業第一週只賺進五十英鎊。但兩年之後，因為業務蓬勃發展，他們終於能搬到龐德街上比較「對」的另一端，與頂尖的美髮店競爭。

六〇年代的倫敦是個充滿魅力的地方，蘊藏著驚人的活力。我們要推翻上一代的做事方法，我也不斷開發新點子。所有的一切都在改變，音樂、穿著，還有藝術。所以我看得很清楚，美髮界必定也能有一番新氣象。

果然，沙宣有一天偶然看到的景象，讓他產生新的視野，也轉化了整個美髮界：

一個星期六，我看到美髮師正在幫客戶吹乾頭髮，他只用梳子和吹風機，沒有使用髮捲。我整個週末都想著這件事，等到星期一就問他為什麼用那種方法。他說因為趕時間，不想等客人慢慢用烘髮機。我說：「不論是不是比較快速，我想這是個重大發現，我們要繼續研究。」這就是吹風乾燥法的起源。

沙宣後來開創一波剪髮與髮型的革命，美髮工業與全世界女人都因而改頭換面。

我腦子裡總是有各種髮型。我記得在一九六四年幫柯露婷登（Grace Cruddington）剪了個「五點式剪髮」，然後跟她一起飛往巴黎。我想要親自在雜誌編輯面前展示這個髮型，我相信我們做出了特別的東西，但也得讓別人親眼看到，看那頭髮如何飄舞。這全是剪刀的功夫，我們的座右銘就是「不要浮誇」。後來我們攻占了《ELLE》雜誌好幾頁的版面，他們本來要介紹捲髮，卻愛上了我們的東西，之後有更多人邀請我們拍照或巡迴展示。一九六五年，我受邀到紐約發表一場展示，大約五家報紙都做了報導。第二天的《紐約時報》把我們放在美容版的頭條，報章雜誌登滿了我們新創的幾何剪髮。我們成功了！我們把鮑伯頭帶進了美國。

一九六七年，他在倫敦開辦沙宣美髮學校，如今在世界各地都有分校。

「分享知識」一直都是我的哲學，我們的學院與教育中心充滿活力，這就是年輕人在創意領域突破限制的憑藉。我告訴他們，如果你有好點子，就放手去做，用你自己的方式去做。你可以接受好的建議，但要確定那是好的建議，然後用你自己的方式去做。我們已經在這一行很久了，對我來說，「長壽」就是把稍縱即逝的片刻變成永恆。

沙宣創造了新髮型，以及時尚與風格的新視野。**他不僅在發現機會的時候緊緊把握住，也在他採取行動的時候，又創造了更多機會**。或許，最能讓你培養好運氣的態度，就是堅持不懈的堅強意志。書中人物在尋找天命的時候，都面對非常多的限制因素，卻依然有十足的決心，設法達成目標，其中最頑強的莫過於茲丹尼夫斯基（Brad Zdanivsky）。

十九歲的時候，茲丹尼夫斯基就知道自己喜歡爬高。他從小就爬樹、爬大石頭，而後也擴大規模，攀爬過加拿大最高的幾座山峰。有一天，他參加喪禮之後，長途開車回家，路上不慎睡著，車子衝下了將近兩百英尺的斷崖。

這次意外造成他四肢癱瘓，但在他心中，他依然是個攀岩人。在斷崖下等待救援的時候，他知道自己無法移動，心裡便想著：如果四肢都癱瘓了，不知道還能不能爬山。經過八個月的復健，他跟爬山的同伴討論，想設計一些器材，幫助他回到山上。包含父親等幾個人開始幫助他，他因而發明一種機具，上面兩個大輪子，底部一個小一點的輪子，他坐在裡面，用肩膀和拇指控制滑輪系統，一次可以前進大約一英尺。這個方法實在慢得像是煎熬，但茲丹尼夫斯基堅忍不拔的精神終究得到回饋。受傷之前，他的目標是攀爬兩千英尺高的史多瓦姆巨石（Stawamus Chief），全世界最高的花崗岩巨石之一。二〇〇五年七月，他達成了目標。

生命中的情境與現實狀況，都能由你自己塑造，甚至完全轉變。找到天命的人通常比較能夠看清他們對生命的企圖，並規劃好一條通往目標的途徑。他們知道熱情與天分很重要，也知道面對際遇的態度與面對自己的態度，更可決定你能否找到天命，並且生活在天命歸屬之中。

Chapter

08

辨認生命中的良師

良師在你的生命裡占據特殊地位，
對你有個人的意義，
幫你開啟一扇扇的門，
並且直接參與你的人生旅程，
告訴你下一步可以踩在什麼地方，
鼓勵你勇往直前。

我罹患小兒麻痺之後，轉到殘障人士就讀的特殊學校。這在當時的英國是標準程序，公立學校的殘障兒童都由教育當局移往特殊學校，所以我也從五歲起，每天坐特殊校車，從我家的藍領階級住宅區，越過市區到另一個比較富裕的地區上學。瑪格莉特畢文學校（Margaret Beavan School）規模不大，約一百名五歲到十五歲的學童，各有不同的殘疾，包含小兒麻痺、腦性麻痺、癲癇、氣喘，還有我最好的朋友身上的腦水腫。

雖然我們多數人都穿著支架、拄著拐杖，或是坐在輪椅上，但並不特別意識到彼此的殘疾。在這個環境裡，殘疾種類是不相干的因素，我們就跟其他孩子一樣，是基於彼此的個性而產生友誼。我班上有一位同學患有腦性麻痺，以及嚴重的痙攣，他的雙手已經失去功能，說起話來也十分費力，唯一能寫字的方法，就是用腳趾夾著筆，把腳跨在桌上。儘管如此，當你習慣他吃力的說話方式，也真能聽懂他說什麼之後，就會發現他居然非常幽默風趣。我在學校過得很開心，我知道兄弟姊妹在他們的「正常」學校經歷哪些歡樂與苦悶，所有的童年經驗我一樣也沒少，如果要說有什麼不同，大概就是我比較喜歡我的學校吧！

我十歲那年的某一天，教室裡出現一位訪客，穿著體面、面容慈祥，說話聲音很有教養。他跟老師聊了一會兒，我感覺老師似乎非常在意這個人。接著他在教室來回跟小朋友說話，我們大約有十幾個人，我也跟他進行了簡短的對話，然後他就離開教室了。

過了一、兩天，我被傳喚到校長室。我敲敲巨大的木門，校長室裡傳來聲音請我進去。我看到之前那人就坐在校長旁邊，他們說他是史卓佛德（Charles Strafford）先生，我後來才知道他是女皇任命的督學，屬於英國最優秀的一批政府官員。政府指派這些資深教育家在全國各地評鑑學校品質，史卓佛德先生負責英國西北方，包含利物浦的特殊學校。

我們短暫交談，史卓佛德先生詢問我的課業、興趣、家庭狀況等等一般性的問題。幾天之後，我又被傳喚到校長室。這次我被帶到另一個教室，見了另一位先生，被問了一連串的問題。後來才知道，那是簡易的智商測驗。我對這件事的記憶非常清晰，因為我在測驗過程中犯了一個錯，讓我很在意。那人唸了幾句話，要我提出意見，其中一句是：「美國科學家發現一個頭顱骨，他們認為就是十四歲的哥倫布。」他問我覺得如何。我說那不可能是哥倫布的頭顱骨，因為他十四歲的時候沒有去美國。

我離開教室的當下就意識到那是個很蠢的答案，於是回頭敲門，想要告訴那位先生我剛才說的話有錯。但我聽到他正在跟別人說話，於是決定不要打擾他們。第二天，我看見他穿越遊樂場，正準備上前跟他討論我的答案，卻又擔心他以為我前天晚上已經跟爸爸討論過，是爸爸告訴我正確答案，於是決定不要再浪費時間去糾正這個錯誤。五十年之後，我依然耿耿於懷。沒錯，我的確早該釋懷了。

這個錯誤並沒有影響到那位先生對我的檢定結果。之後沒多久，學校就把我轉到另一個班，其他同學年紀都比我大了許多。顯然是因為史卓佛德先生跟導師說，他在我身上看到萌芽的聰明才智，並認為學校沒有提供適當輔導，他認為學校可以給我更大的挑戰，也認為我有潛力可以通過當時所謂的「11+考試」（eleven-plus examination）。

讓人生大轉彎的良師

當時的英國中學教育包含兩種類型的學校：現代中學與文法中學。文法中學提供地位較高的學術教育，也是通往專業生涯與大學教育的主要途徑。現代中學則提供應用性質的教育，學生往後可以從事勞力工作或藍領階層的工作。這個系統是經過刻意規劃的社會工程，目的是提供英國的工業經濟體需要的人力。「11+考試」的內容是一連串智商測驗的題目，用於篩選文法中學要求的學力。對藍領階層的孩童來說，通過「11+考試」就是通往專業生涯的最佳途徑，也能因而逃過一生從事勞力工作的命運。

我的新老師是令人敬畏的約克女士，年約四十，身形嬌小，心地仁慈，但在教學上是出了名的嚴格。相對而言，**某些老師對我們的成就抱著較低的期望，我想他們基本上把「特殊教育」視為心理輔導教育，但約克女士並非如此。她對「特殊」學生的期望，就跟一般學生**

一模一樣，要求我們努力用功、認真學習、發揮最大的潛力。約克女士不辭辛勞輔導我的數學、英文、歷史等學科，也定期讓我做「11⁺考試」的練習，鼓勵我好好表現。約克女士至今依然是我此生所見最優秀的教師之一。

最後，我跟同校同學，以及其他特殊學校的學生一起參加「11⁺考試」。之後的幾個星期，約克女士、史卓佛德先生、父母親和我，全都焦急等待利物浦教育委員會的棕色信封捎來可能改變我此生的測驗結果。一九六一年初夏的一天早上，信箱發出喀噠的聲音，母親立刻衝向大門。她帶著興奮緊張的心情，拿著那封信走進我們正在吃早餐的廚房，把信交給我。我深深吸一口氣，抽出信封裡折疊的紙張，上面是打字機工整的字跡。我通過考試了！

我們簡直不敢相信，整個屋子爆出瘋狂的歡笑。我是家族裡第一個，也是學校那年唯一通過這項測驗的孩子。從那一刻起，我的生命轉往全新的方向，我拿到獎學金，進入利物浦學院，那是市裡最好的學校之一。我從特殊學校一躍進入富裕市區裡的主流公立學校，並開始發展我的興趣與能力，逐漸塑造我往後的人生。

史卓佛德先生成為我們整個家族的好朋友，經常造訪我們擁擠卻笑聲不斷的屋子。他是個成熟穩重的都市人，非常熱心幫助他人獲得應有的機會。這位專業的教育家也熱愛文學與古典音樂，他會打定音鼓，還參加合唱團，也在默西塞德郡指揮小型樂團。他懂得品嘗葡萄酒與白蘭地，家住英國北部，是獨門獨院、裝潢精美的樓房。他在二次大戰期間是少校軍官，曾經參與諾曼第戰役。他在法國北部卡巴度斯區（Calvados）的洪維爾（Ranville）還有第二個家，在當地社區也是重要人物；洪維爾有一條路還以他為名——史卓佛德大道。我在大學期間曾經去法國探望他，他為我介紹法國的地方社會，帶我認識了法國美食與蘋果白蘭地的美味，這些都讓我對他抱著同樣的感激之情。

對我來說，史卓佛德就是讓我跨入另一個世界的一道大門。他親自提供我實際的協助，讓我在年輕的時候就有機會從特殊教育力爭上游，進而找到此生的熱情——教育改革。他是激勵人心的典範，能夠看到他人的潛力，並創造機會讓他人發揮真正的天分。除了父母之外，他是我此生最重要的良師。他讓我了解到，在追尋天命的過程中，良師益友的角色有多重要。

改變你一生的人際關係

尋找天命之際，你也經常需要他人的協助與引導。或許有人在你身上看到了你自己不曾察覺的天分，就像吉莉安的故事。或許有人能夠激發你最出色的才能，就像芙瑞對梅格・萊恩的幫助。對我來說，史卓佛德知道學校老師必須對我有更高的要求，才能讓我發揮最大的潛能，他同時也實際採取行動去促成。

我當時還不知道，另外有一個人亦將成為我此生的良師益友，她當時也正在利物浦求學，距離我只有幾哩之遙。但直到數年之後，年近三十的我在倫敦生活與工作的時候，才認識了泰芮。那時我回到利物浦，準備做一星期的教師研習課程；而她在貧困的低收入地區教戲劇。我們一見面就非常投緣，而且與教學、教育、天命都毫無關連，從此之後，我們就再也沒分開過。她是我所見過最稱職的良師益友，不只是對我，還包含她的朋友、家人，以及她的同事或部屬。她打內心了解良師益友的力量與重要性，因為她曾經親身體驗。如同史卓佛德之於我的角色，她在童年時期也曾經有一位良師，以下是泰芮說的故事：

我就讀的是天主教女子中學，由一群被稱為「慈悲姊妹」的修女治校，但她們差不多是「慈悲」的相反詞。當時是「搖擺的六〇年代」，只是我們沒得搖擺，倒是常常祈禱，我祈禱的主題就是希望有路可逃。十七歲的時候，我唯一的野心就是趕快離家、離開郊區，進入倫敦明亮的燈火，再從倫敦前往美國，最後嫁給貓王。

我喜歡演戲，也喜歡閱讀，但我的求學階段是接二連三的慘劇。在學校的最後一年，終於遇到一位讓我有所領悟的英文老師——身形嬌小的柯朗巴修女（Mary Columba）。她熱愛葉慈的詩，也熱愛教學。她第一次上課就挑中我在全班面前朗誦詩句，我一邊朗誦，一邊感覺到後腦勺的興奮悸動。那首詩至今依然是我唸過最美麗、最震撼的文字：

倘若我有天國的錦緞，
穿織著金絲銀線的光芒；
湛藍、昏灰、漆黑的錦緞，
是夜、是光、是明暗之間；
我願將錦緞平鋪你雙足之下，
奈何匱乏的我只有夢想；
於是將夢想平鋪你雙足之下，
輕踩呀！你踩的可是我的夢。

有生以來，我第一次真心渴望學習。接下來的兩年，在她帶領之下，我愛上了狄更斯、福斯特（E. M. Forster）、歐文（Wilfred Owen）、莎士比亞、森恩（Synge），她就像我們的家庭教師，我們每個人都熱情投入她的課。她鼓勵我寫作，督促我做到最好，因為她的指導，我才能跟其他人在學術上競爭，並且出類拔萃。

這些書為我開啟了充滿可能性的世界。最讓我感到好奇的是，她的心胸竟能如此開闊；她畢竟是天主教修女，我們卻討論著愛、性、神祕學等議題，百無禁忌。我們可以連續幾個小時討論閱讀過程碰到的任何議題，包含莎翁名劇《科利奧蘭納斯》（*Coriolanus*）的戀母情結，以及《此情可問天》的背叛。對一個幾乎不曾離開利物浦的小女生來說，這真是令人目眩神迷的經驗。

那年，我是她最頂尖的學生，英文考試也拿到優等。在她的建議下，我繼續在大學研讀戲劇與文學。從那時起，我從未懷疑自己的辯論能力。我在這些作家當中找到了一生的朋友，如果沒有這位偉大的良師，我可能還在追逐貓王。

良師經常在適當時機出現在我們的生命中，不過，就像卓斯勒與明斯基的例子，有時候，你也可以主動選擇你的良師。巴菲特（Warren Buffett）自己就是無數投資者的導師，但他選擇了證券分析之父葛拉漢（Benjamin Graham）為他的良師。葛拉漢是巴菲特在哥倫比亞大學的老師，他二十二年的教學生涯裡，唯一給過A+的學生就是巴菲特，並延攬巴菲特進入他的投資公司。巴菲特在那裡工作了幾年之後，才自己出來創業。羅文斯坦（Roger

Lowenstein）撰寫的《巴菲特：一位美國資本家的誕生》（*Buffett: The Making of an American Capitalist*）一書指出：

葛拉漢敞開了門，可說是特別對著巴菲特一人。他給巴菲特工具，讓他探索市場上豐富的機會，傳授的方法也特別符合這個學生的個性。有了葛拉漢提供的武器，巴菲特終於能拋開限制，發揮他天生的才幹。以葛拉漢的個性為典範，巴菲特也學著更為堅強，後來也以獨立作業聞名。

在另一個完全不同的領域裡，歌手雷．查爾斯（Ray Charles）因為他出眾的音樂天賦，以及克服逆境的能力，也成為無數人學習的光明典範。不過，也是因為某一個人教導雷．查爾斯探索內心深處的音樂，他的人生故事才得以展開。

「哈佛大學良師研究計畫」（Harvard Mentoring Project）在網站刊登雷．查爾斯的專訪。他回憶起過去，說道：

皮特曼是個爵士樂迷，如果不是因為他，我想今天我就不可能是樂手。他是隔壁鄰居，開了一家尋常的小咖啡店，裡面有一台鋼琴。他每天下午兩、三點開始練琴，三歲的我不知為何非常喜歡他，我無法解釋。但每次他開始練琴，開始演奏藍調鋼琴的節奏，我真的很愛那種聲音，我會停下手邊的遊戲，也不在乎外面還有誰在玩，不管是我的好朋友或是誰，我都立刻丟下他們，跑進去坐在他旁邊，聽他演奏。

偶爾我會舉起手，用整隻拳頭敲琴鍵，後來他說：「孩子啊！如果你這麼喜歡音樂，不可以像這樣用整隻拳頭打鋼琴喔！」他知道我真心愛音樂，因為我馬上住手，乖乖聽他說話。

於是他開始教我用一根指頭彈一些小曲調。當然，現在我也了解到，他當時大可說：「走開！我要練習，你不要吵我！」但他沒有這麼做，反而花時間教導我。他心中想著：「這孩子這麼喜歡音樂，我要盡量幫助他學鋼琴。」

兒童保護基金會創辦人暨會長艾德曼（Marian Wright Edelman）離家上大學的時候，找到了她的良師。史貝爾曼學院（Spelman College）被她形容為「嚴肅沉悶的黑人女子大學，一心培養循規蹈矩的女孩，好讓她們嫁給摩爾豪斯（Morehouse）黑人男子大學的校友，幫忙持家，然後永遠做個沉默隱形的女人」。茲恩（Howard Zinn）是她的歷史教授，當時是五〇年代的美國南方，茲恩認為他必須鼓勵學生積極參與民權運動。受到茲恩的啟發，艾德曼參加了早期的民權抗議活動，後來掀起了全國各地的風潮。因為茲恩給她的指引，她找到了人生的道路，成為推動改革與伸張正義的重要人物，也長達三十餘年提倡兒童福利，貢獻十分卓著。

我之所以得知雷．查爾斯與艾德曼的故事，是因為「全國良師月」的活動報導，這個活動的策劃單位是「哈佛大學良師研究計畫」，共同主辦者是哈佛大學公共衛生所、全國良師合作案以及全國與社區服務公司。截至二〇〇九年一月為止，已經持續八年之久，贊助單位包含許多大型企業。此外，許多大型媒體公司也提供總值數千萬美元的免費宣傳，或將許多良師的故事納入電視節目中。

全國性非營利組織「公私聯合企業」（Public／Private Ventures）的宗旨是「提升社會政策、社福制度、社區活動的效率，尤以青少年福祉為主」。該企業從二〇〇〇年開始，進行一項重要的良師研究調查，以隨機配對的方式，為全國七十幾所學校、四到九年級的學生指派良師，這些都是「美國大哥哥大姊姊」（Big Brothers Big Sisters of America）計畫的義工。研究結果對良師的功能有十分正面的發現。跟良師配對的學生，不論是整體學科成績、作業品質、準時交作業的比例都有提升，也較少在學校製造事端，蹺課情形也有改善。

這些正面結果很令人振奮，卻也完全不令人意外。**很多孩子光是知道有人關心他們，學習情況就能改進**；這一點十分重要，待我們稍後討論教育問題的時候再繼續說明。當孩子獲得良師，至少能提高他們對自己的尊重，並感到人生更有目標。不過良師還有更高的價值，那就是在你追尋天命的時候，提供指引或啟發。當心理醫師看到吉莉安、當皮特曼看到雷．查爾斯，都看到了他們有機會實現心中的熱情。當茲恩看到艾德曼、葛拉漢看到巴菲特，也看到了罕見的天分，知道他們經過培養之後，必能成為卓越長才。不論是在新世界裡打亮一盞燈，或是讓原本只是嗜好的小火苗，能夠燃燒為真正的熱情，良師在這些時候確實發揮了崇高的功能。

識別

良師跟你的關係可能有很多種，停留在你生命裡的時間長短也不同。某些人也許數十年與你相伴，扮演的角色也不斷演進，或許剛開始是師生關係，最後卻成了親近的好友。某些人可能在你生命的關鍵時刻出現，伴隨你的時間恰足以造成決定性的影響，然後他們就離開了。無論如何，良師常能為你提供以下四種功能。

第一個功能是「識別」，史卓佛德就為我提供了這個功能，我的才能沒有引起老師們的注意，卻被他發現了。天命的宗旨之一，就是個人天賦與才能的豐富多樣。如同我們先前討論的，某些測驗可以依據一套制式題目，大致指出受測者的強項與弱點。**但個人天賦與才能如此細膩微妙，相形之下所有現存的測驗均過於簡化。**

某些人對音樂、舞蹈、科學，可能有一般性的天分，但個人天分經常屬於某個範疇之內更具體的領域，可能是針對特定音樂類型或特定樂器，例如，是吉他，而非小提琴；是民謠吉他，而非電吉他。**我想，任何測驗或軟體程式都無法為每個人做這種微妙差異的判斷，或區分「興趣」與「迫切的熱情」之間的差別。而良師卻能夠做到這一點，他能識別熱情或喜悅的火花，可以了解某個人的才能與熱情，究竟是屬於哪個範疇裡的哪個特定領域。**

本書的共同作者亞若尼卡在他專業生涯的前二十年都是在出版社服務。他大學畢業後的第一份工作是在班頓圖書公司（Bantam Books），這是紐約最蓬勃發展的出版社之一。進入該公司不久，他注意到一位身形乾癟矮小的男子，常在走廊上來回走動。這人似乎沒負責特定的業務，但大家都很在意他。亞若尼卡最後打聽了一下，才知道他就是貝蘭亭（Ian Ballantine），不只創辦了班頓圖書公司及後來的貝蘭亭圖書公司（Ballantine Books），事實上就是他在一九四〇年代，為美國引進平裝書。接下來的幾年內，亞若尼卡依然常在走廊與他擦身而過，並向他點頭致意。出版界的傳奇人物就在眼前，令亞若尼卡感到又敬又畏。

這時亞若尼卡也在班頓圖書得到第一份「真正」的工作——在編輯部負責科幻小說出版計畫。不久之後的某一天，亞若尼卡坐在位置上，貝蘭亭緩緩走進來坐在一旁。光是這樣就已經讓亞若尼卡很驚訝了，但接下來幾分鐘的發展，卻更是讓他目瞪口呆。亞若尼卡告訴我：「貝蘭亭說話的方式很特殊，讓你覺得他的思緒像是一粒粒珍珠，但他的語言非常迂迴纏繞，就好像這些珍珠都還在生蠔旁邊似的。」不過貝蘭亭繼續說分明，亞若尼卡也驚愕地發現，這位出版界傳奇人物希望收亞若尼卡當徒弟。「他並沒有真的說：『讓我來當你的良師吧！』他沒有作類似的宣示，但表示願意經常過來看我。我也清楚表示任何時間都歡迎他，如果他不想走過來，即便我得跨越半個地球去找他，我也會甘之如飴。」

後來那幾年，亞若尼卡和貝蘭亭經常在一起。貝蘭亭讓亞若尼卡更了解圖書出版的歷史，更重要的是讓他了解這一行的哲學。他提供的經驗教訓之一就是「當所有人都往東走，你就往西走」，他的意思是，通往成功的捷徑，經常就是逆流而上。亞若尼卡對這個道理有特別的感應，他說：

從我進入出版界開始，所聽到的都是圖書出版的「常規」，似乎有很多規矩限制你什麼能做、什麼不能做。我一直覺得沒道理，畢竟讀者並不按照這些規矩去閱讀。貝蘭亭就從不理會這些行規，卻比滿口行規的人都來得成功許多。當時我就決定，往後我出版的書必定都是我的愛人，行規跟我將只是點頭之交。

這個決定對亞若尼卡產生非常正面的影響。他二十六歲出版了第一本書，也成為班頓圖書的副發行人。之後又擔任柏克萊圖書（Berkley Books）與雅方圖書（Avon Books）的發行人，最後專心投入寫作。在貝蘭亭主動成為他的良師之前，亞若尼卡就知道自己希望在出版界發展，貝蘭亭不僅讓他更了解出版業的微妙道理，更幫助他在出版界的具體領域找到天命。

鼓勵

良師的第二個功能是「鼓勵」。你本以為自己機會渺茫或毫無可能達到的成就，卻能因為遇見良師而產生自信心。**他們不允許你沉溺於自我懷疑，或以為自己的夢想遙不可及。他們總在一旁提醒，讓你了解自己原有的能力，也知道只要繼續努力，必能有所成就。**

羅賓森（Jackie Robinson）最初到布魯克林的道奇隊打大聯盟棒球賽的時候，有人認為黑人不應該加入白人的球賽，他因此而經歷的痛苦與虐待，幾乎等於希臘悲劇的主角。羅賓森在這樣的情況下依然堅持下去，但事情一度演變到極為困難的地步，幾乎讓他無法出賽。別人的辱罵與恐嚇打亂了他的專注力，使他在壘上或外野都幾乎無法站穩。在他表現得最糟的那一刻，游擊手李斯（Pee Wee Reese）叫了暫停，走過去鼓勵羅賓森。他告訴羅賓森：「你是非常優秀的球員，你注定要進入棒球名人堂。」幾年之後，在羅賓森正式進入美國古柏鎮棒球名人堂的典禮上，他談起這段往事。「那天，他救了我一命，還有我的球員生涯。」羅賓森在古柏鎮的講台上說：「我已經失去信心，但李斯的鼓勵拉了我一把，當一切希望都消失的時候，他給了我一線希望。」

輔助

良師的第三個功能是「輔助」。**良師可以提供建議與技巧，幫你鋪路，甚至你短暫跟蹌也無妨，因為他們就在一旁幫助你從錯誤中學習，並重整旗鼓，如此一路引導我們走向天命。**這些良師益友有可能只是與你屬於同一時代的人，保羅．麥卡尼的經驗就是如此，他告訴我：

> 我記得一個週末，約翰和我坐公車到小鎮的另一端去找一個彈吉他的人，因為他會B7和

弦。你得學會的基本和弦是E、A、B7三種，我們不會B7，但那個男生會，所以我們就坐公車去找他，跟他學，然後再回來。於是我們也會了。我們基本上都是靠音樂同好示範特定的重複和弦。我記得一天晚上在電視節目「老天爺啊！」裡面看到「克里夫李察與影子樂團」（Cliff Richard and the Shadows）表演〈Move It〉這首歌。其中有一段很棒的重複和弦，我非常喜歡，但之前都不知道怎麼做，這次我弄懂了。於是我跑到約翰家，跟他說：「我會了！我會了！」這就是我們的學習方式——互相切磋。

剛開始我們都只是模仿別人，我是小克里夫李察和小貓王，約翰是傑瑞克．路易士和查克．貝瑞（Chuck Berry）；我是艾佛利兄弟二重唱（Everly Brothers）裡的菲爾，約翰是唐恩。我們一直模仿別人，然後相互切磋。後來，當我們在規劃利物浦表演藝術學院的教學原則時，這就是重點之一。學生在個別的藝術領域裡，必須有機會接觸一些有經驗，或正在從事那一行的前輩們。前輩也不需要說太多，只要示範給你看就行了。

督促

良師的第四個角色是「督促」。積極的良師可以督促你超越自己預設的限制，他們不僅不允許你屈服在自我懷疑之下，更不允許你不發揮潛力的極限。**真正的良師可以提醒你，絕**

不能只是把「過關」當成目標。

演員瓊斯（James Earl Jones）是出了名的演技高超，也是當代媒體最出色的配音員。但是，若非良師的督促，我們大概無緣聽見他的聲音。當初，克勞屈（Donald Crouch）若不曾踏入瓊斯的生命，「星際大戰」裡面的黑武士不知道是用什麼聲音說話？

瓊斯小時候害羞的程度已經成了障礙，主要是口吃的毛病讓他覺得難以在他人面前啟齒。克勞屈是他高中的英文老師，這位前大學教授還曾經與詩人佛羅斯特（Robert Frost）共事。瓊斯也會寫詩，但害怕其他同學嘲笑，所以一直當作是自己的祕密。克勞屈發現之後，便對他提出質疑。瓊斯在《改變我一生的人》（*The Person Who Changed My Life: Prominent Americans Recall Their Mentors*）這本書裡這麼說：

> 他問我為什麼，如果我熱愛文字，為什麼不能大聲說出來？有一天，我拿自己寫的詩給他看。他說這首詩寫得太好，不可能是我寫的，一定是我抄襲他人的作品。為了證明我沒有剽竊，他要我靠記憶在全班面前朗誦這首詩。我照做了，唸完整首詩，完全沒有口吃。從那時起，我寫得更多，也更常朗誦。這對我是非常正面的效果，我逐漸學習從容表達自己，自信心也逐漸提升。

畢業前一天，我們在校園的草地上課。克勞屈教授頒發禮物給我，那是名作家愛默生的《一切靠自己》（*Self-Reliance*）。這本書非常珍貴，等於總結了克勞屈給我的教誨——一切靠自己。他從根本影響了我，因而改變我生命的所有領域。就是因為他，我才能成為演員。

在前往天命的旅程中，良師扮演極為珍貴的角色。將良師的協助說成通往天命的唯一途徑，你或許認為太誇張，但事實上只是「稍微」誇張而已。**為了尋找此生的天命，你必定會遭遇重重的障礙與限制。若沒有熟知路途的嚮導，看出你的熱情、認同你的興趣、剷平你面前的道路，並且敦促你發揮能力的極限，那麼你的路途顯然會困難許多。**

良師的功能當然是雙向的，獲得良師固然重要，同樣重要的卻是成為他人的良師。你甚至可能在輔導他人的同時，也找到自己的天命。

羅賓可說是全球最成功的個人輔導與良師，也奠定了「個人輔導」這個行業的基礎。這個價值數百萬美元的產業在全球繼續快速成長，明顯反映出龐大的需求，也顯示個人輔導與良師對個人生命的重要性。愈來愈多的人也發現，擔任他人的良師，對他們而言就是天命歸屬。

奈爾斯（David Neils）就是其中之一。他自己的良師是老鄰居柯羅森先生。柯羅森曾經做過幾項成功的發明，奈爾斯小時候常去柯羅森家裡看他工作。柯羅森不但沒有趕走他，反而請他提出建議或批評，因此讓他從這樣的互動中建立自信心，知道自己的意見具有參考價值。長大之後，奈爾斯創立了「國際電訊良師」（International Telementor Program），這個組織透過電子設備在學生與專業人士之間牽線。從一九九五年開始，該計畫已經幫全球一萬五千名以上的學生，取得專業人士的輔導，奈爾斯確實把「良師」當成了他一生的工作。

不只是英雄

我相信本書提到的幾位良師，以及「美國大哥哥大姊姊」的義工，最後都成為輔導對象的英雄。每個人都有自己崇拜的英雄，可能是父母、老師、教練，甚至同學或同事。此外，也有從未謀面的英雄，他們被流傳的事蹟激發了我們的想像力。自行車賽職業選手藍斯・阿姆斯壯（Lance Armstrong）被視為英雄，因為他努力克服足以致命的病痛，在體能要求非常高的體育項目裡，展現卓越的毅力。前南非總統曼德拉也是英雄，因為他發揮的關鍵功能，終結了南非種族隔離政策。此外，某些人的英雄行徑也深深烙印在我們心中，例如，黑人民權運動者帕克絲（Rosa Parks）成功抵抗偏見，或太空人尼爾・阿姆斯壯（Neil Armstrong）

為人類在月球上踏出第一步。

因為這些英雄的啟發，我們讚嘆人類的潛能，看見了新的希望，點燃了心中的熱情。甚至，驅使我們畢生追隨其後，讓我們願意貢獻自己，為大眾服務、努力探索、努力打破藩籬，或伸張正義。這些英雄人物因此也發揮了良師的功能。

然而在我們追尋天命之際，良師扮演的角色卻大過於英雄人物。英雄人物可能遙不可及，可能居住在另一個世界，甚至可能已經辭世。如果我們見到英雄本人，也可能因為太過敬畏而無法正常互動。英雄可能無法成為適當的良師，他們有可能因為競爭心態，而不願意與你有任何往來，但良師不同。良師在你的生命裡占據特殊地位，對你有個人的意義，幫你開啟一扇扇的門，並且直接參與你的人生旅程，告訴你下一步可以踩在什麼地方，鼓勵你勇往直前。

Chapter

09

人生永遠不嫌遲

人類的生命應是一個不停循環的整體，
你的能力有可能在不同的生命階段，
以不同的強度展現。
青春之泉確實存在，
就是你的心靈、你的天賦，
還有你為自己與所愛的人發揮的創意。
只要懂得探索這股泉源，
你將能超越年齡的限制。

傑佛斯除了《恐懼 out》之外，也是多本暢銷書的作者，但她直到四十好幾才進入寫作的生涯，她個人的故事也十分精采。

傑佛斯從小就喜愛閱讀，每天最開心的時刻，就是窩在房裡看書：

我對什麼都好奇，父親也總是很認真地回答我的問題，有時候講得實在太仔細，甚至讓我忍不住翻白眼。記得有一次，我從收音機聽到不懂的詞彙——「割禮」，父親依然用他一貫的態度，仔細為我解釋了一番！他實在很像老師，可能入錯行了吧！父親其實很想要個兒子，所以我得到很多兒子的待遇，甚至參加過不少摔角比賽呢！

傑佛斯念大學時結識第一任丈夫，不久便結婚，懷第一個孩子之後輟學，後來又有了第二胎。她一共在家裡待了四年之後，才決定重拾學業，她因此感到十分焦慮。「待在家裡幾年的時間，已經摧毀了我的自信心，我不確定是否還能念書。」但她終究再度適應大學生活，甚至以全校第一名的成績畢業。當她獲知自己的優異成績，打電話向所有親友報喜，「最後我放下電話，哭了起來。我發現，其實我真正想找的人是父親，但他幾年前就已經過世。倘若他還在世，不知會有多驕傲。」

由於老師的鼓勵，傑佛斯繼續攻讀研究所，最後取得心理學博士學位。之後，出乎她意料之外，有人邀請她擔任紐約市浮動醫院（Floating Hospital）的執行主任。因為這個職位很高，她起初很猶豫，不知能否勝任，但最後仍決定接受。

此時，傑佛斯的婚姻觸礁，離婚的過程使她陷入痛苦。「即便我有心理學博士學位，也同樣無濟於事。我在工作領域取得了超越夢想的收穫，心情卻糟透了。不過，沒有多久，我就厭倦了自怨自艾的自己，意識到必須用另一個新的方式活下去，於是我的心靈旅程從此展開。」

傑佛斯管理浮動醫院的十年當中，成了自己口中的「進修狂」，在公忙之餘研習東方哲學，並參加自我成長課程或新世紀心靈課程：

我發現，是恐懼造成我的「被害者心態」與負面態度，阻止我對生命經驗負起責任。也因為恐懼，我沒能做個更有愛心的人。透過一點一滴的努力，我逐漸懂得如何突破恐懼，把最軟弱的我轉化成最堅強的我，後來終於感受到體內湧現一股前所未見的力量。

突破恐懼

某一天，坐在書桌前的她靈光一閃，突然想去「社會研究新學院」（New School for Social Research）看一看。她從沒去過，但當時的她正學著聆聽自己的直覺，便決定一探究竟——

我心想，或許有什麼課程可供我進修吧！抵達之後，我查看指示圖，發現有人力資源系，似乎很符合我的興趣，便沿途找到他們的辦公室。櫃臺沒有人，但右邊辦公室有位女士對我說：「妳要找什麼嗎？」我走進去，衝口而出：「我想在這裡開一門關於恐懼的課。」我根本不知道自己這是天外飛來的哪一筆！她看看我，表情很驚訝地說：「天啊！我正在找一位可以講『恐懼』的老師，今天是課程說明書的截稿日，而且我只剩十五分鐘就得走了。」她對我的資歷很滿意，說：「趕快寫一個課程標題給我，還有七十五個字的課程簡介。」我當場寫下「接受恐懼，放手去做」這個標題，然後寫好課程簡介。她很滿意，把我寫的東西放在助理桌上，貼上便條紙，請助理納入課程說明書。她對我再三言謝，之後就快步離開，留下我獨自站在原地自忖：「到底發生了什麼事？」我很相信吸引力法則，但還是覺得未免太神奇！

為期十二週的課程開始了，傑佛斯上第一堂課時非常緊張。兩個小時雖然順利過去，她還是很擔心——

我心裡想：「就這樣，我知道的都講完了。下星期能教什麼？還有之後的十週呢？」但是，每星期我都發現還有更多可說，信心也逐漸提高。我意識到自己在過去這幾年，其實學到很多突破恐懼的經驗，分享給學生之後，他們也盡情吸收。最後，他們都因為自己的改變而大感訝異，也發現原來只要換個想法，就可以對生命產生重大影響。教這門課也讓我確定了一點：過去曾經幫助我轉變人生的那些技巧，其實也可以用在別人身上，不論年齡、性別，或人生背景如何。

傑佛斯最後決定以這門課的主題寫一本書，卻碰到重重路障；換過四個經紀人，又被各家出版社拒絕了十五次，最後，不情不願地把寫書計畫收進抽屜裡。她收到的拒絕函甚至有一封是這麼寫的：「就算黛安娜王妃裸體騎著單車沿街贈送這本書，也不會有人想讀！」

在這段期間，她決定離開浮動醫院，專心從事寫作——

我記得一天晚上坐計程車，司機問我是做什麼的，我聽到自己說：「我是作家。」直到那一刻為止，我都自認是心理學家或管理人，但就像我對司機說的，我是作家。

經過三年為雜誌寫文章的日子，她打開抽屜，看見當初被狠狠拒絕的寫書計畫——

我握在手裡，深深覺得必定有許多人需要我手上的東西，所以下定決心，一定要找到跟我一樣認同這本書的出版商。這次成功了，而且是超乎想像的成功。

《恐懼 out》在一百個國家暢銷數百萬本，翻譯成三十五種以上的語言。傑佛斯又另外撰寫了十七本著作，讀者群同樣遍及全球。傑佛斯確實成了作家，甚至被倫敦的《時代》雜誌譽為「勵志女王」，也是各界爭相邀約的演講家，曾受邀在各國的廣播或電視節目出現。關於《恐懼 out》，她說：「我的網站收到來自世界各地的電子郵件，告訴我這本書是如何幫助、甚至『拯救』了他們的生命。我很高興自己沒有放棄，我父親如果在世，也會真正感到驕傲。」

太遲了嗎？

你身邊想必就有人覺得被鎖在自己的生命裡，他們真心希望能過更有意義、更有成就的人生，但既然已經三十九歲、五十二歲，或是六十四歲，就以為機會已經消逝。或許你也覺得為時已晚，此時突然改變人生方向，是不切實際的做法。或許追求心中熱情的機會曾經出現，卻已錯失（原因也許就是我們先前討論過的限制因素）。或許你過去自信心不足，以致不敢實踐心中的熱情，而今時機已然消逝。

很多證據都指出，可供我們發現天命的機會，其實比想像中多。本書撰寫的過程中，我們看到數以百計的例子指出，許多人都是到晚年才開始追求人生的熱情。例如，暢銷作家朵爾（Harriet Doerr），就是在持家的任務完成之後，才開始寫作。她在六十五歲重回大學念歷史，這期間修習的寫作課讓她的文字功力再上一層樓，後來更繼續進入史丹佛大學的創意寫作班。一九八三年，她出版第一本小說《艾巴拉的石頭》（*Stones for Ibarra*），並因而獲得全國書卷獎，此時的她已經七十三歲。

比朵爾年輕一半以上的保羅．帕茲（Paul Potts）在三十六歲的時候，生命似乎僵滯在黯淡的低潮之中。他知道自己有一副好嗓子，也曾經上過歌劇訓練課，卻因為一次機車意外而斬斷他的舞台夢。此後他成了英國南威爾斯郡的手機銷售員，一輩子遭受自卑的困擾。有一天，他聽說電視選秀節目「英國達人」（Britain's Got Talent）將舉辦試唱會；這個節目是美國偶像選秀節目走紅之後，寇威爾（Simon Cowell）創造的節目。帕茲爭取到機會，在全國性的節目上演唱普契尼歌劇選曲〈公主徹夜未眠〉，美麗的歌聲讓全場為之傾倒，節目評審甚至感動落淚。數週之內，他成了國際風雲人物，首次演出的短片也在YouTube網站被下載高達一千八百萬次以上。最後他贏得節目的競賽，有機會在英國女皇面前表演。手機零售商店損失一名員工，卻造福了全世界的歌劇迷。帕茲在二〇〇七年底終於有機會出版了他的第一張專輯「決戰星光」（*One Chance*）；其實，唱歌一直就是他的天命。帕茲說：

我的嗓音一直是我最好的朋友。如果在學校被欺負，我的嗓音總會帶來安慰。我不很了解別人為什麼要欺負我，我就是跟別人有點不一樣，大概是因為如此，我一直有自信心不足的問題。但只要開口唱歌，問題就消失了，我會進入非常自得的狀態。我一輩子都覺得自己微不足道，在第一次試唱之後，才發現自己也是號人物——我是保羅．帕茲！

柴爾德（Julia Child）是改變了美國家常烹飪的名廚師，也是電視烹飪節目的原創者。她本來是廣告文案，曾在美國政府擔任各種職務。三十幾歲的時候，她迷上法國菜，開始接受專業訓練。當她出版《精研法式烹飪藝術》（*Mastering the Art of French Cooking*），傳奇的事業開始起飛之際，她已經將近五十歲。

六十五歲的教堂行政人員昆恩（Maggie Kuhn）滿懷工作熱情，雇主卻強制要求她屆齡退休。雇主趕人出門的方式令她非常不滿，決定跟境遇相同的朋友合作創立互助團體，他們希望能解決退休人士的共同問題，採取的行動也逐漸擴大，最後建立了全國性的公益團體「灰豹」（Gray Panthers）。

有人說，現在的五十歲，其實是過去的三十歲，七十歲其實是四十歲。那麼，如果往回算的話，就能解釋某些三十幾歲的人為什麼有青春期的行徑。不過撇開玩笑不談，這種轉變確實有重要的意義。幾個世代以來，人類平均壽命不斷延長，過去幾百年大約成長兩倍，而且仍不斷加速延長。老年人的健康品質也獲得改善。「麥克阿瑟基金會」的調查顯示，六十五到七十四歲的美國人，大約百分之九十表示沒有身體障礙。已開發國家的老年人在經濟方面也比過去更為穩定；一九五〇年代的美國老年人，大約百分之三十五處於貧窮狀態，目前的數據則為百分之十。

近期有許多人討論「第二中年」的概念。過去認為的中年大約是三十五到五十歲，年過五十的人就快速朝退休、死亡前進。現在，這個第一中年的結束，只代表你完成了某種里程碑；例如工作上的成就、孩子離家上大學、貸款也繳得差不多了。等著你的是身體健康、事業有成的第二中年，所以你還能追求下一個階段的人生目標。照這麼想，那些在戰後嬰兒潮出生的搖滾樂手也都會發現，當初自己猜想「等我到六十四歲的時候，我會⋯⋯」，其實都錯了，他們屆時都還在努力追求「爽快」的感覺呢！我不知該因此而感動，還是應該懊惱。

如果真有另一個完整的中年時期，當然就有更多機會可以開拓人生。倘若你還認為必須在三十歲之前實現此生最大的夢想（或至少正在實現當中），那你就過時了。

然而，我的意思也不是說你可以在任何人生階段做任何事。你若年近百歲，又毫無舞蹈背景，大概就比較沒辦法擔綱演出天鵝湖芭蕾舞劇。我今年五十八歲，平衡感又不太好，所以已經可以接受一個事實——我大概沒機會在冬季奧運拿到競速滑冰的金牌了（尤其我這輩子從沒親眼見過冰刀鞋）。「某些」夢想確實沒有可能性，但只是「某些」。世上的夢想何其多呢！當你能了解這一點，就等於跨出邁向天命的第一步。你若知道自己還有機會實現夢想，大概也就能知道自己下一步該往哪裡走。

人生只能往前？

人們之所以認為自己的時機已經過去，已無法實踐真正的自我，是因為把生命視為線

性，以為人生好似繁忙的單行道，只能不斷往前走，別無其他選擇。若錯過第一次的機會，即便你想再試一次，也不能迴轉，因為光是為了跟上車潮，就已經耗盡所有氣力了。但書中的許多故事都指出，人類的生命並非線性。帕克斯在多重領域探索並取得成功，他的人生就不是線性。克羅斯身上的疾病促使他多次重生，因此當然也不是過著線性的人生。

雷利．史考特爵士進入電影界的方式也絕非線性。他告訴我剛離開藝術學校時的心路歷程：

我完全沒想到可以做電影，電影是週末的休閒活動，從我當時的生活看來，很難想像最後怎麼會跨入電影界。

我當時也認定自己不適合美術界。我需要一個目標、一個具體的工作，所以開始到處嘗試其他藝術形式，最後選擇跟史鐸爾先生一起做印刷。我很喜歡印刷的流程，對於把各種顏色磨在石版上，覺得很有趣。我經常加班，然後去酒吧喝兩杯啤酒，再搭末班公車回家。每週五天過著這種生活，持續了四年，開心得很。

之後不久，他又在英國國家廣播公司（BBC）兼差。

我總是設法突破，讓預算發揮最大效益。後來他們給我一年的遊學獎金，回來就直接擔任設計師。在BBC工作兩年之後，我轉到導演部門。

但他又再度轉換跑道，這次是廣告界，因為：

簡直太有趣了！相對於美術、畫畫等「藝術」領域，「廣告」簡直被視為髒字。但我卻幾近厚顏無恥地張開雙手擁抱廣告。

這位廣告片導演又進一步成為電視導演，最後才真正進入電影世界，找到他人生的意義所在。在過去的人生旅程中，他若認為自己該遵從線性的生涯發展，就絕不可能找到真正的天命。

人類的生命應是一個不停循環的整體，你的能力有可能在不同的生命階段，以不同的強度展現。因此，你有多次機會可以重新成長、重新發展，也有多次機會可以重新發揮潛藏的能力。朵爾才開始探索寫作技巧，生命就將她引導到另一個方向，數十年後她重新拾筆，寫作技巧依然等待著她。昆恩也是在機會浮現的時候，終於發現了內在的力量。可能直到這一刻，她才知道自己原來擁有這分天賦。

年齡可以用來計算你出生至今的時間，但健康與生活品質卻完全是相對性的。當然，隨著時間過去，我們都愈來愈老。但也有很多人雖然同齡，彼此的心情與創意力，卻好像相差數個世代。

我母親在八十六歲那年因中風去世，事情發生得非常突然，也結束得很快。直到她生命的尾端，她看起來都比實際歲數年輕十到十五歲。母親對身邊的人與環境抱著永不枯竭的好奇心，她跳舞、閱讀、參加派對、旅行，用她的風趣為大家帶來歡笑，也讓我們感染到她特殊的品味、活力，以及生在人世間的愉悅……，儘管她的生命不無困苦、煎熬，甚至危機。

我是家中七個孩子之一，外婆也同樣有七個子女，所以家族聚會總是一大群人。我們成長的階段仍缺乏現代生活的便利措施，母親幾乎是徒手獨力照顧一堆孩子，孩子們多半不情願幫一點忙，而且多半還是幫倒忙，額外給母親增加工作量。我九歲的時候，家裡發生嚴重變故。原本是家庭支柱的父親，因為我罹患小兒痲痺而苦惱不已，有一天在工作時發生意外，造成頸部受傷，以及後半生的癱瘓狀態。

父親一向是家庭生活的中心，他是很特別的人，有靈敏的幽默感，也非常聰明，接近他的人無不受到他的啟發。我母親也是如此，她旺盛的生命力與熱情從不稍減，總是有新的興趣，也不斷學習新的技能。每次家庭聚會，她都是帶頭跳舞的人，在生命的最後幾年，她還在學習國標舞、製作娃娃屋與袖珍藝術品。不論是父親或母親，看起來都比實際年齡不知年輕了多少。

晚年締造成就的可能性，其實還有數不清的例子。富蘭克林（Benjamin Franklin）在七十八歲的時候發明雙焦點鏡片；摩西婆婆（Grandma Moses）也是在這個年紀才決定以畫畫為業；史上演出壽命最長的劇作「捕鼠器」，是克莉絲蒂（Agatha Christie）在六十二歲寫出的作品；潔西卡・坦迪（Jessica Tandy）八十歲才獲得奧斯卡最佳女演員獎；霍洛維茲（Vladimir Horowitz）最後幾巡爆滿的鋼琴演奏會，也是在高齡八十四時舉行。

看到這些例子之後，請你再看看身邊的人，他們或許才三十幾或四十幾歲，就已經放棄自己的人生，任由生活陷入沉悶的例行公事，也不認為還有機會改變或成長。

如果你已經五十歲，但勤於動用腦子與身體，吃得健康、對生命懷抱熱情。而你四十四歲的鄰居呢？他的工作有如死胡同、每天吃兩餐炸雞翅、不愛費力動腦、舉起啤酒杯就是每天最激烈的運動。我想你一定比他年輕，而且是就身體狀態而言，扎扎實實年輕許多。

《抗衰老，更年輕》（*Younger Next Year*）的作者之一洛奇博士（Henry Lodge）更是一針見血，他說：

百分之七十的美國人其實並非真的老化，而是退化。原因就出在生活方式，以及因而引起的疾病……糖尿病、肥胖、心臟疾病，還有多數的老年失智症、癌症、骨質疏鬆症。這些都是退化，是大自然不提供的東西，是我們自己走出門去，從架上買回來的。

名為「真實年齡」（realage.com）的網站設計了一套公式，可以計算相對於實際年齡的「狀態年齡」，眾多評量因素包含生活方式、遺傳、病史。但真正的重點是他們證實了一點：你確實可以因為做了更好的選擇，而讓自己變年輕。

減少狀態年齡的方式之一，就是透過運動與營養補充，好好照顧身體。我很清楚這一點，因為我住在加州，這裡的每個人好像都是彈性萊卡布的股東，乳製品的健康程度大概跟香菸差不多。我也同樣盡力過健康的生活，我的目標是每天做仰臥起坐，避免吃甜食；但問題並不只在於你流多少汗、吃什麼食物。

天命的箴言之一，就是你必須重新認識自己，並且以「全人」的眼光看待自己。進入天命狀態的一大障礙，就是你認為心靈獨立於身體之外，只是房子裡的房客，或認為身體只是頭腦的交通工具。研究結果與一般常識都指出，身體健康確實會影響腦力與情緒，但你的態度也可能影響身體健康。此外，要保持心態的年輕，還有賴於你採取的方法，例如經常笑逐顏開、保持求知欲，都對老化現象有很大的影響，冥想也是有益身體健康的方法。

「我現在開始尋找天命，為時已晚嗎？」答案是：「錯！」即便身體的老化造成你無法取得特定成就，天命卻非遙不可及。我再也不可能拿到競速滑冰金牌，但如果滑冰對我的意義很重大（其實不是啦），我仍可設法進入這個族群。或許利用我現有的能力，或許學習新的能力，讓我對滑冰世界做一點有意義的貢獻。

保持你的可塑性

追根究柢，最重要的就是你進入新的人生階段之後，能否繼續開發創造力與聰明才智。這些能力在年幼時期顯然發展得十分快速。嬰兒的腦部非常活躍，可塑性非常高，充滿了潛能，約有將近十億個神經細胞，產生無數的聯想，藉由生活經驗來建立所謂的「神經傳導路徑」。**遺傳因素或許已經幫腦部做好預先規畫，但生活經驗卻依然深深影響腦部發展，乃至個人的發展。**

例如，學習語言的方式，就是人類幼年的神奇成就。我們出生幾年後就學會了語言，卻沒有人幫我們上語言課，包括父母。只因為口說語言太過複雜、微妙，也包含太龐雜的變化，沒有人可以完整地幫孩子上語言課。當然，父母或其他人在孩子學說話的時候，確實從旁幫忙指導與糾正，並給予鼓勵與讚賞。但嬰兒並非因為有人授課才學會說話，而是透過模仿與推論。我們天生就有使用語言的深層本能，幾乎在開始呼吸的同時就已啟動。

嬰兒聽到別人的聲音與語調，只要靠本能就可以分辨其中的意義與企圖。如果家裡養狗，也能對狗的聲音或咆哮有所反應，卻不會跟人類語言產生混淆。多數孩子並不把咆哮當成溝通方式……，鬼見愁的兩歲孩子和正值青春期的少年算是例外囉！

人類的語言能力似乎沒有明顯的界線，出生在多語環境的孩子，很可能自然而然學會這些語言。他們也不會因為達到學習飽和，就說：「請別讓奶奶再加入吧！我沒辦法再學另一種方言了。」只要是生活環境裡存在的語言，小孩子通常都能全部學會，也可以毫無障礙在這幾種語言中來回變換。我記得幾年前遇到正值學齡的三兄弟，他們的母親是法國人、父親是美國人，卻住在哥斯大黎加，所以他們可以說流利的法語、英語、西班牙語，還有他們自己從這三種語言發明的混合語，只在他們私下交談的時候使用。

反之，你若出生在單一語言的家庭，可能就沒機會學習另一種語言，或起碼也得等到中學有第二外語課的時候。在這個階段學習新語言就困難許多，因為你腦中已經建構大量跟語言相關的神經傳導路徑，例如，特定物件的名稱、造句的方式，甚至說話的嘴形。如果等到三十好幾才開始學習外語，難度又會更高。

神經科學家葛林菲德（Susan Greenfield）為了說明兒童頭腦的可塑性，以一位六歲義大利男孩的故事為警惕。男孩單眼失明，卻找不出原因，在眼科醫師看來，他的眼睛完全正常。直到最後才發現男孩在襁褓時期，曾因輕微感染而接受治療，一隻眼睛被繃帶蒙住好幾個星期。這個做法或許對成人不會造成影響，但眼睛與腦部之間的神經迴路發展，對稚齡嬰兒來說既脆弱又非常重要。因為眼睛被蒙住了，眼部的神經細胞在這個重要發展階段沒有派上用場，腦部因而忽略了這些神經細胞的存在。葛林菲德說：「很可惜，大腦錯以為男孩這輩子都不需要使用這隻被蒙住的眼睛。」結果造成男孩單眼永久失明。

幼兒腦部一直處於不斷進化、改變的狀態，也對環境刺激有強烈反應。在成長初期，腦部會經歷一個發展過程，認知科學家稱為「神經篩剪」（neural pruning），基本上就是剪掉我們下意識認定沒有長期用處的神經傳導路徑。修剪過程的取捨當然因人而異，卻是成長發展的必要過程，其重要性就像樹木的修剪，必須把多餘的枝葉剪去，樹木才能繼續茁壯，整體而言也更為健康。為了讓有用的傳導路徑繼續擴展，對未來沒有用的路徑就被關閉。身體內部的發展過程與來自外部世界的經驗不斷互動，將人類與生俱來的龐雜能力加以整理、塑造、放大或限縮。

還好，腦部的成長發展不是筆直的線性過程，並非在你拿到人生第一把車鑰匙之後就停止了（保險公司倒是傾向作此假設）。哈佛大學神經生物學家費許巴（Gerald Fischbach）曾經廣泛研究腦細胞的數量，最後也確認人類終其一生都持續保有數量極其龐大的腦細胞。即便人類平均壽命不斷延長，腦神經細胞的數量也多到一輩子都用不完。

此研究結果顯示，**只要持續保持腦部活動，即使年齡漸長，仍可繼續建構新的神經傳導路徑，我們因此能夠持續發揮創意思考的潛力，也因此必須不斷挑戰自己的極限。**明顯的證據指出，即便年事已高，頭腦的創造功能依然非常活躍，只要刻意加以運用，就可以重建或更新腦部潛藏的能力。就像身體運動可以重建肌肉一樣，腦部運動也可以讓創造力重新活躍起來。有關成人神經細胞新生的研究非常多，也逐漸證實過去一個多世紀以來的概念其實錯了，腦部其實可以繼續製造新細胞，某些腦部訓練的方法（例如冥想）甚至能加速製造的過程。

我們可以景仰歐姬芙、愛因斯坦、保羅．紐曼、貝聿銘等人在晚年的作品，但不應認為這些作品之所以精采，只是因為創作者的年事已高。他們是因為不斷保持頭腦的敏銳度，才能終其一生不斷締造優秀傑出的表現，因此對於他們晚年的成就，我們實在無須過於驚訝。

我曾說百歲人瑞不太可能擔綱演出天鵝湖，我說的是不太可能，而非不可能。在醫學繼續往前跨越幾大步以前，人類在某些方面的能力確實因為上了年紀而逐漸退化，特別是體能。這個事實不須加以否認，不過的確有人非常不服老，甚至到了公開出洋相的地步。

但人類的眾多潛能不可一以論之，就像義大利陳年帕馬森乳酪，甚至放愈久愈美味。**生命中的機會就像季節一樣反覆出現，根據我們從事的活動而變換。**例如，一般認為數學能力大約在二十幾或三十幾歲達到顛峰，這可不是指計算買菜的帳單或是球隊贏得超級盃足球賽的機率，而是陶哲軒之類的世界級數學家所做的進階數學。數學天才締造數學創舉之際，差不多就是我們簽下第一筆房屋貸款的年紀。只是，如果我們數學夠好的話，很可能不會選擇申請房貸。此外，樂器演奏技巧的學習能力也是同樣的情形。

但在其他領域，成熟度就真的是優勢，例如藝術。許多作家、詩人、畫家、作曲家，都是在他們的見解與敏銳度隨著年紀而逐漸提升之後，才創造了偉大的作品。同樣的道理也適用於法律、烹飪、教學、地景設計等領域，事實上，只要是著重「經驗」的領域，年紀都是資產，而非負擔。

因此，所謂「為時已晚」的狀況，其實是依照你追求天命的領域不同，而出現在不同的年齡階段。就國際體育競賽而言，五十歲或許為時已晚，但若以創造無國界料理而言，則可能永遠沒有來不及的時候。對多數人而言，說自己為時已晚，其實都言之過早。

永遠充實的生命

生命被看成單向的線性過程之後，產生的結果之一就是以年齡為條件，將社會隔離成不同族群（多數西方社會都有這種現象）。年幼的孩子被歸類為一個族群，安置在托兒所或幼稚園；青少年也分成等級，接受教育；老年人則屬於養老院。這種區分方式有其正面的理論，畢竟就像美國作家希伊（Gail Sheehy）在數十年前提出的，人類生命有幾個可預測的階段，所以我們營造特定環境，讓人們可以用最理想的方式經歷這些人生階段，確實是非常合理的做法。

然而，根據很多同樣正面的理論，我們也可以挑戰這些或將導致年齡歧視的制度。美國奧克拉荷馬州突沙市（Tulsa）的詹克斯（Jenks）學區，有一個很特殊的教育方案，就是個十分發人深省的例子。

奧克拉荷馬州的幼兒閱讀教育舉國聞名，州內各地均為三到五歲的孩子提供閱讀課程，但詹克斯學區的做法卻十分獨特。此事緣起於學區內某個機構的負責人，有一天去拜訪對街的小學，與校長洽談一件事。他在得知閱讀課程之後，特別前往，表示願意提供協助。校長很認同他的想法，在克服某些官僚障礙之後，便開始與該機構合作。

這個機構就是「雅致生活中心」（Grace Living Center），是一間養老院。

接下來幾個月，該學區在「雅致生活中心」設立托兒所與幼稚園學童的教室，四周牆壁都是透明玻璃，屋頂留了間隙，好讓孩子的聲音釋放出去。教室位於主建築的大廳，老師和孩子把這裡當成另一間教室，每天在這裡上課。因為位置就在大廳，住戶們在每天三次的吃飯時間都會經過這裡。

開課沒多久，住戶們就經常駐足玻璃牆外，觀看上課情形。老師跟他們解釋，孩子是在這裡學習閱讀，住戶們接二連三表示想幫忙。老師也樂於接受他們的協助，很快就設計一個方案，稱為「書伴」。透過書伴方案，住戶各與一個孩子配對，大人可以聽孩子朗讀，也可以讀書給孩子聽。

書伴方案成效卓著，這些孩子在州政府閱讀測驗的表現，平均都高於學區內其他孩子，滿五歲離開這個方案的時候，其中百分之七十的閱讀程度已經達到三年級或更高的水準。他們的學習經驗還不只限於閱讀，書伴們共處的時候，孩子跟大人的對話內容十分豐富，特別是老年人可以分享他們在奧克拉荷馬州成長的童年經驗。孩子們提出各種問題，例如，iPod以前是什麼模樣，大人就解釋他們的童年其實跟現在很不一樣，於是便談起七十、八十，甚至九十年前的孩子過著什麼生活、玩什麼遊戲。這些老年人都曾親眼見證家鄉數十年以來的演進，從他們口中，孩子們學到生動的社會歷史。家長對方案的附加價值非常滿意，現在這六十個名額變得十分搶手，還得抽籤決定能否入學。

「雅致生活中心」也出現另一個現象，那就是老年人服藥比例大幅下降。參加書伴方案的許多住戶都不再需要吃藥，或可以減少劑量。

為什麼呢？因為這些老人又重新活了起來。他們不再只是虛度僅餘的生命，等待終究要來的那一天，而是重新得到生活動力，每天都在期待與興奮的心情中起床。當老人們有機會再度發揮創造力，果真出現延年益壽的效果。

孩子們還學習到另一個課題。老師偶爾得跟孩子說，他的書伴沒辦法再來上課了，因為書伴已經過世。這些孩子在稚嫩的年紀，就能體會到生命自有其節奏與週期，即便是親近的人，也無法避開這個週期。

就某方面而言，「雅致生活中心」重建了世代之間的傳統關係。幼兒與老人之間似乎總是心有靈犀，能夠彼此了解，但西方社會的組織方式卻經常把他們區隔開來。書伴方案代表的意義既簡單又深遠，世代之間的融合原來能如此相互滋養，老年人在適當的環境與刺激之下，也確實可以重新恢復遺失已久的生命活力。

心靈是青春的源頭

傑佛斯、柴爾德，以及上述的書伴方案都告訴我們，**只要肯花功夫跳脫僵化的生活，重新思考未來的路途，並重拾過去因故中斷或無緣實踐的熱情，那麼不論你正處於人生的哪一個階段，都能把自己轉往一個新的方向。**我們幾乎在任何年紀都依然有能力發現天命，義大利女演員蘇菲亞．羅蘭曾說：

青春之泉確實存在，就是你的心靈、你的天賦，還有你為自己與所愛的人發揮的創意。只要懂得探索這股泉源，你將能超越年齡的限制。

Chapter

10

當興趣不能餬口時

為了找到天命歸屬，
你不見得必須丟開一切，
砸下每一天的每一分鐘。
如果能夠做自己喜歡又擅長的事，
即便一週只有幾個小時，
其他時間所做的事情也會因而更有意義，
甚至促成難以想像的轉變。

特羅普（Gabriel Trop）是一位卓然有成的學者，我第一次見到他的時候，他正在柏克萊大學攻讀德國文學博士。文學研究工作對他具有重要的意義，但並非他唯一的熱情，他對音樂也非常著迷。他告訴我：「如果我失去雙手的功能，我的生命就等於結束了。」

儘管如此，特羅普卻從未考慮成為專業音樂家，事實上，曾有很長一段時間，他甚至完全不想跟音樂扯上關係。進入中學的第一年，他經常帶著憐憫的心情，看著那些學音樂的學生背著笨重的樂器盒，辛苦地走過校園，比其他學生提早好幾個小時到學校練習。他才不願意過這種生活，尤其是得提早到校的那部分，於是在心裡暗暗發誓要遠離音樂。

然而有一天，他正在上必修的音樂課，隨意在鋼琴上敲著幾個音符，發現自己可以輕易彈出曲調。他心裡一沉，意識到自己居然喜歡彈琴的感覺。音樂老師走到一旁聽著，他還試圖掩蓋自己顯而易見的愉悅。他想必不是彈得很悅耳，老師說他的音感很好，但建議他到樂器儲存室去看看自己喜歡哪種樂器。

特羅普的朋友會拉大提琴，就因為如此，他便決定到儲存室試試大提琴，一試之下果然很中意大提琴的形狀與大小。他撥撥琴弦，也很喜歡那深沉厚實的聲音，其中一把大提琴還特別帶有一種像中學教室的好聞氣味。他決定違背誓言，給大提琴一個機會。剛開始練習的時候，他的態度很隨興，但很快就愛上了大提琴，練習時間也愈來愈長。

後來，特羅普練習的頻率非常高，也非常投入。才一、兩個月就已經練出相當的水準，一年之內，就成為學校樂團的首席大提琴手。當然，這代表他得一大早到學校，背著笨重的樂器盒，辛苦地走過校園。其他不練樂器的同學，臉上也帶著憐憫的表情看著他。

特羅普同樣熱愛文學、德文，以及學術研究。他終究得作困難的抉擇，在音樂與學術工作之間選擇一項，做為生命的主要重心。經過一番內心煎熬，他決定選擇德國文學，他認為這樣可以同時延續大提琴家的生命。如果選擇以音樂為職業，所需耗費的大量時間，可能導致他無法再深入研究德國詩文：

我選擇以文學為生，因為這樣似乎還能容納演奏音樂所需要的時間。若成為專業音樂家，我鍾愛的文學勢必得被冷落一旁。所以我的選擇其實是為了可以繼續投入大提琴的演奏，同時仍維持我在文學領域的奉獻。

至今，他依然每天練習數小時，也繼續演出，最近才跟加州大學柏克萊交響樂團合作演奏大提琴協奏曲。若不能經常浸淫在音樂的演奏與享受之中，他實在不知道該怎麼活下去。他說，把音樂稱為嗜好並不恰當，因為音樂是他生命的元素，他也在音樂裡找到天命。

特羅普是業餘音樂家，也完全只利用業餘時間投入音樂，這對他來說，就是最好的安排。

在工作之外找到天命

就最基礎的定義而言，所謂專業人士，就是以專業領域的工作維持生計的人，而業餘人士則否。但「業餘」與「專業」也有其他意涵，通常與品質或專門技術有關。相較於專業者，業餘者通常被視為次等，意即在專業水準之下，在小劇場裡，就是指那些動作太誇張的演員；在高爾夫球場上，就是竿數超過一百的球員；或是一些寫可愛的寵物故事，在鎮上免費報紙發表的作家。當我們用「外行」來形容業餘人士，其實帶點貶意，意思就是他們與專業沾不上邊，甚至有點丟人現眼。

在專業與業餘之間劃上清楚界線，有時完全合理，畢竟兩者的成就確實天差地別。如果我要進行男性節育手術，當然希望交給以此為生的專業人士，而不是偶爾為之的人。不過，專業與業餘之間的差別，有時卻與品質無關，只是當事者選擇的結果。例如，特羅普這樣的人，確實能夠在另一個領域展現專業水準，只是不選擇以此為生。說他們不是專業人士，只是表示他們不靠這一行賺錢；雖然定義上是業餘人士，卻一點也不外行。

英文字 amateur（業餘者），源自於拉丁文 amator，意思是愛人、忠誠的朋友，或為了一個目標而全心努力的人。所以在最原始的意義裡，業餘者的動機只是單純的喜愛。**業餘人士從事的活動，目的並非金錢酬勞，而是實踐熱情。所以，真正的業餘人士，就是在工作之外找到天命的人。**

英國智庫德摩斯（Demos）委任李德比特（Charles Leadbeater）與米勒（Paul Miller）撰寫一份報告，名為〈專業餘革命〉（The Pro-Am Revolution）。報告指出，某些業餘人士的水準不斷提高，所創造的突破進展，有時甚至高過專業人士，因此稱他們為「專業餘者」。由於技術的進步，過去若非專業人士就無法取得的工具，如今也都能供眾多業餘人士所用，例如，望遠鏡的電荷耦合元件晶片（CCD chips）、樂手的錄音軟體 Pro Tools、家用電腦的先進影像編輯軟體等等。李德比特與米勒指出，自行錄製的音樂帶，就是嬉哈音樂的濫觴。

他們也指出，Linux 電腦作業系統是許多程式設計師利用閒暇時間共同創作出來的；「千禧年免債運動」（Jubilee 200 debt campaign）讓第三世界國家可以免除高達數億美元的債務，也是根據非專業遊說人士的陳情而發起；還有一位業餘天文學家使用十吋望遠鏡發現了超新星。

李德比特與米勒表示：「專業餘者以業餘身分從事活動，純粹出於興趣，卻有專業水準的表現，獲得的酬勞雖然可能只占收入的一小部分，但專注與奉獻的精神卻與專業人士不相上下。對專業餘者來說，育樂活動已經不是消極的消遣，而是積極的參與。他們所投入的知識與技能，經過長時間累積，足以被眾人檢驗，是歷經犧牲與困難的成果。」

李德比特與米勒認為，**專業餘者是「社會新混血」，他們在辦公室之外追求自己的熱情，投入的精力與奉獻的精神並不同於一般休閒嗜好，也因為投入程度之深，而獲得心靈的洗滌，甚至有助於彌補工作上的缺憾。**

某些業餘人士確實創造了令人刮目相看的成就。克拉克（Arthur C. Clarke）是暢銷科幻小說作家，著作包含《二〇〇一：太空漫遊》以及《拉瑪任務》（*Rendezvous with Rama*）等等。他在英國皇家空軍服務期間就已經開始寫作，也利用機會觀察空軍雷達部隊的科學家，對他們的工作深感興趣。一九四五年，他在《無線世界》雜誌發表一篇文章，標題是〈外太空傳播：火箭站可以提供全球廣播網嗎？〉，文中假設的論點是利用地球同步軌道的衛星，發送電視訊號至全球各地。

科學家大都把他的假設當作科幻小說情節，不過，克拉克卻有高度的興趣，也很仔細進行研究。他的主張有非常嚴謹的技術基礎，從現在的眼光來看，也才知道他果真有先見之明。克拉克研究的地球同步軌道，如今被稱為「克拉克軌道」，乘載數以百計的衛星。克拉克的專業生涯讓他登上《紐約時報》暢銷排行榜，而他業餘的創作（具體而言就是他附在文稿之前給《無線世界》編輯的那封信），卻進入了國家航太博物館。

蘇珊．漢垂森（Susan Hendrickson）並無固定職業，她高中輟學，練就一身潛水的好功夫，自己學會辨認稀有海洋物種，也成為尋找琥珀昆蟲化石的專家，過著多采多姿的探險家生活。

一九九〇年，她加入黑丘地質研究機構（Black Hills Institute of Geological Research）的南達科塔考古探險隊。探險工作初期進展十分緩慢，經過六個出露層的探勘，仍無重大發現。直到有一天，當其他隊員待在城裡的時候，蘇珊決定去探索地圖上最後一個出露層。她在那兒發現幾個小型骨頭，最後，在此出土的就是至今所發現最大、最完整的暴龍骸骨化石，並且是鮮少發現的雌性暴龍化石。

這副骸骨至今仍在芝加哥菲爾德自然歷史博物館（Field Museum in Chicago）展出，被命名為「暴龍蘇」，以紀念這位引牠出土的業餘考古學家。

業餘的專業人士

哈伯斯坦（David Halberstam）的著作《業餘人士》（*The Amateurs*）描寫了一九八四年

四位運動員奪得奧運金牌的故事。田徑項目的冠軍或籃球選手，都可以因為奧運佳績，而獲得鉅額的職業合約（當時奧運委員會並不允許NBA明星球員參賽）或代言費用。但哈伯斯坦追蹤的項目是雙槳划船賽，這些選手並沒有機會因為競賽獲勝就財源廣進。他們投入這項運動，完全是因為興趣，以及在其中出類拔萃的成就感。

這本書最重要的主角是伍德（Christopher "Tiff" Wood），被哈伯斯坦稱為「業餘人士的典型代表。他把工作、婚姻、娛樂都放在一旁，專心致志在國人不重視的體育項目中，追求卓越，因此也沒有任何實質利益的回饋」。三十一歲的伍德其實已經太老（起碼以奧運的標準而言是如此），但他非常有使命感。他在一九七六年的奧運是候補，沒有機會參賽。一九八〇年擔任隊長，本應赴莫斯科出賽，美國政府卻為了抗議蘇聯入侵阿富汗，而決定退賽。

一九八四年的奧運是伍德奪金的最後機會。划船競賽的社群人數不多，卻都十分忠誠。伍德已然成為眾人引以為傲的對象，雖然最後他沒有獲得金牌，但奪牌與否完全不是故事的重點。哈伯斯坦所描寫的伍德與其他划船選手，都在從事業餘愛好活動之際，展現了熱情，也取得滿足感。**伍德在工作以外的領域發現他的天命，工作只是一份工作，划船卻是他的生命。**

為了找到天命歸屬，你不見得必須丟開一切，砸下每一天的每一分鐘。為了追求自己的熱情，而拋開人生的職責或工作，對某些人而言實在不切實際。你可能礙於很多因素而無法做出這種決定，於是上班賺錢營生，然後再另外找時間與空間從事喜愛的活動。有些人因此比較心安理得，有些人則是迫於無奈，只能利用工作之餘，追求自己的熱情。

大約一、兩年前，我想跟聖塔莫尼卡的車商租一輛新車，發現事情沒有想像中容易。過去的人只需要決定「買」或「不買」就可以了，現在你得先通過一個包含各種複選題的完整測驗，幫助你決定車子的烤漆、裝飾、配備、特殊性能等幾百個問題，最後才能找到你心目中理想的車種。我實在不善於做這些超過必要範圍的決策，本人連早上起床後穿什麼衣服，都需要別人幫我決定，雖然選項其實不多，穿錯也沒啥關係。在我終於決定車款時，我的業務員比爾早已經跟我培養出深厚的感情，還計畫著明年找時間重聚。

等待最後一些文件的時候（這也是個冗長的過程），我問比爾不工作的時候做什麼消遣，他毫不遲疑就說他是攝影師。我問他拍些什麼，心裡想著應該是家庭生活、婚禮、寵物之類的主題，但他說是體育攝影。我又問他拍什麼項目，他說：「我只拍衝浪。」這就讓我很好奇了，問他為什麼。他說自己年輕的時候也衝浪，非常喜歡衝浪運動的韻律與美妙。現在下班之後，週末、假日，只要一有空閒，他就跑到加州馬里布海灘去拍照。比爾已經有好幾年的經驗，累積的相機、三角架、特殊鏡頭等器材，大概價值好幾千塊美元。碰上比較長的假期，他就到夏威夷或澳洲，捕捉當地的大浪入鏡。

我問他，是否曾發表攝影作品？他一邊說有，一邊拉開抽屜，裡面滿滿都是精緻、光鮮的衝浪雜誌，每一本都有他的作品，而且非常、非常精采。

我問他是否想過以攝影為生，他說：「我很想這麼做，但可以賺的錢太少了。」儘管如此，衝浪攝影依然是他心中的熱情，也因此讓他的生命更有意義。我瀏覽著精采的專業影像，問他車行老闆對這些作品有什麼看法。比爾說：「他一點都不知道，這跟我的工作表現沒什麼關係，是吧？」

我不確定該不該同意，因為我其實認為，攝影對比爾的工作表現可能有很大的影響。就像其他在工作之外找到天命的人一樣，我猜想比爾因為衝浪攝影而得到的滿足與快樂，一定提高了他的工作效率。幫助客戶篩選幾十種烤漆顏色、決定怎麼抛光、要不要踏腳板等工作，相較之下，可能顯得十分枯燥乏味。但他在攝影領域找到抒發創意的出口，因而在正職領域裡變得更有耐心，對客戶更熱誠。

很多例子都指出，人們需要這種抒發的出口。我發現的例子十分有趣，就是企業搖滾樂團。他們跟公司足球隊不同，公司足球隊員大多是郵件收發室的年輕人，但企業搖滾樂團的團員卻常是高階主管（除非郵件收發室的小弟是低音吉他高手），他們在進入專業生涯之前，都曾夢想成為搖滾明星。從這些業餘樂手演奏的熱情，可以看出他們從這個嗜好中，找到了正職工作所缺乏的滿足感，而且不論他們在工作上的成就有多高。

生命的轉化

為了支持「立足之地」（A Leg to Stand On）這個幫助全球殘障兒童就學與工作的慈善團體，紐約已經連續四年舉辦勉強稱為搖滾節的活動。這個搖滾募款節之所以不同，在於樂團的每位樂手（除了一、兩個搖鈴手之外）都是避險基金的從業人員。「避險基金搖滾節」的新聞稿指出：「多數演出者在白天都是理財專家；他們一隻手關掉交易螢幕的同時，另一隻手卻打開了音樂。」

其中一位樂手西摩爾表示：「到了晚上十一點，大家不是想著明天得趕凌晨四點的班車，就是想著東京股市現在已經開始了。」不過，表演進行的當下，卻是純粹的歡樂；眾家總經理演奏經典名曲，甚至穿著寒酸的衣服在後方當伴唱歌手。這和白天的反差實在太劇烈，但不論從任何角度看來，每個人都得到全然的解放。

找到天命之後，你不但能獲得均衡而滿足的生活，還能更了解真正的自我。在這個年代，我們常以職業做為辨識他人的依據。你在宴會或社交場合碰到的第一個問題通常是：「你是做什麼的？」我們也很配合地提供一個標準答案，例如「我是老師」、「我是設計師」、「我是司機」等等。你若沒有一份工作收入，就可能有些尷尬，並覺得好像得提出一點解釋才行。對多數人來說，工作就是我們的身分，甚至連我們自己也這麼認為。但你的職業並不見得等同於你對自己的認知。萬一你不滿意工作狀況，可能還因此感到特別沮喪。工作領域若非你的天命歸屬，你就更需要往其他領域去追尋天命。

首先，**天命歸屬可以讓生命的每分鐘都更為豐富。如果能夠做自己喜歡又擅長的事，即便一週只有幾個小時，其他時間所做的事情也會因而更有意義，甚至促成難以想像的轉變。**

胡賽尼（Khaled Hosseini）在一九八〇年移民到美國，一九九〇年代取得醫學學位，在加州灣區執業，擔任內科醫師。不過，他心中了解自己對寫作的渴望，他想訴說阿富汗在蘇聯入侵之前的故事。於是他繼續看病，也著手撰寫小說。最後寫成了《追風箏的孩子》，故事主角是兩個在喀布爾長大的男孩。這本小說銷售超過四百萬本，並被拍成了電影。

胡賽尼雖然在工作上也十分努力，卻能同時實踐他最深切渴望的熱情，他的人生因而產生重大的轉變。《追風箏的孩子》成功之後，他終於能向醫院請長假，暫時專心寫作，並在二〇〇七年出版第二本暢銷書《燦爛千陽》。他近期在訪談中表示：「我也很喜歡當醫師，病人能夠信任我，願意把自己或家人交給我照顧，我一直感到很榮幸。但是，寫作是我從小的熱情。現在我竟能以寫作為生，簡直幸運得不像話，就好像美夢成真了。」

跟胡賽尼一樣的還有瓦特斯（Miles Waters），他的第一個職業生涯也是在醫界，從一九七四年開始在英國執業，擔任牙醫。正如同胡賽尼，他心中懷著燃燒的熱情，只是領域完全不同。瓦特斯的興趣是流行音樂，曾在學校組過樂團，同時也創作歌曲。一九七七年，他開始減少看診時間，以便有更多空閒可以寫歌。經過幾年的時間，他才開始取得進展，最後也寫出幾首暢銷歌曲，終能以音樂界的工作為生。他暫時辭去牙醫工作，全職寫歌，並製作歌曲，曾參與傳奇搖滾樂團「交通」（Traffic）團員卡帕迪（Jim Capaldi）的個人專輯製作，其中還有艾力・克萊普頓、史帝夫・溫伍德（Steve Winwood），以及喬治・哈里遜的作品。他平時往來的工作圈子包含麥卡尼、平克・佛洛依德樂團的吉爾摩（David Gilmour）等人。近期，他則在音樂與牙科工作之間往返，看診之餘也繼續寫歌與製作音樂。

伍德（John Wood）在擔任微軟公司的行銷主管期間累積了相當的財富，但一趟喜馬拉雅之旅卻讓他與貧窮村落的一所學校結緣。這所學校的四百五十名學生只有二十本書可用，而且都不是兒童讀物。伍德詢問校長如何用這麼少的書進行教學，校長便請求他的協助。伍德於是開始收集書籍，並為這所學校與其他學校募款。最初，面對白天龐大的工作量，伍德仍利用晚上與週末的時間繼續募款。最後，終於離開微軟，投入他的天職——「閱讀空間」（Room to Read）。這個非營利組織的宗旨，在於提高貧窮國家人民的識字率。

微軟的同事認為他得了失心瘋，他在一次訪問中說：「很多同事都無法理解。他們發現我離職之後做的事情，差不多就是找驢子馱書，都認為我瘋了。」但「閱讀空間」改變的不只是伍德一個人，還有數以千計的受惠者，他們在六個國家建立五千間學校圖書館，並規劃在二〇一〇年之前，擴大到十五個國家的一萬間圖書館。

不僅是休閒娛樂

「休閒」與「育樂」其實有很基本的差別。一般而言，兩者都是生理或心理的充電活動，卻有不同的言外之意。休閒被看成「工作」的相反，也常被認為是不費氣力、消極性質的活動。我們多認為工作會消耗精力，而休閒可以恢復精力，給我們機會喘息；白天的工作挑戰之後，在這段消極的暫停時間裡休息與充電。**「育樂」則帶有積極主動的意味，從英文字面上看來，就是我們被「重新創造」（re-creating）的意思，所指涉的活動雖需勞動心力或體力，卻能提升能量，而非消耗。**我認為在這兩者之間，天命與「育樂」的關係較為深刻。

蘇珊・彼得森（Suzanne Peterson）博士是亞利桑納州立大學凱瑞商學院與責任領導中心的管理學教授，以及高階主管訓練公司的顧問。她同時也是冠軍舞者，曾兩度贏得拉斯維加斯的國標舞比賽，並於二〇〇七年贏得亞特蘭大美國公開專業餘拉丁舞錦標賽冠軍。

蘇珊十幾歲的時候上過舞蹈課，但從未考慮以舞蹈為業；她在中學時代就意識到自己將成為管理人：

我並非從小就知道長大後要做什麼，只知道我想穿正式套裝、讓一大群人聽我講話，還有個頭銜。不知為何，我看到的自己就是穿著正式套裝、面對人群、言之有物的人，感覺似乎很不錯。年輕的時候對舞蹈並沒有太多熱情，那只是別無選擇之下的嗜好，不想踢足球或打籃球的女孩子，還能做什麼呢？

後來，她重新發現舞蹈帶給她強烈的喜悅，原因其實很意外——

我原本只是想找個嗜好，後來卻被積極好強的個性宰制。當時我大約二十六歲，正在念研究所，騷莎舞和搖擺舞愈來愈流行，所以我就去社交舞蹈社看一看。我模仿老師的動作，逐漸開始上團體與個人的課程。不料沒多久之後，舞蹈就占據生活的一大部分。我相信自己有舞蹈天分，又有基礎程度，所以可以逐漸進步。可能也因為我另一面的學者性格，舞蹈被我當成學科一樣地鑽研。

我研究舞蹈的精神也真的像做學問一樣，運用大量的視覺化學習法，例如，坐飛機的時候，就用視覺想像把舞步練習一遍。反正，沒辦法用身體跳舞的時間，我就在腦子裡跳。我可以想像自己聽著音樂、感受著舞蹈的情感、看到臉部的表情。所以我雖然離開一段時間，再回到舞蹈室的時候，卻跳得更好。我的舞伴總說：「怎麼一夜之間就變得更厲害了？妳不是去了一趟費城嗎？」我就說：「嗯，我在飛機上有練習。」我真的可以在腦子裡連續練習兩個小時，沒有中斷。

就像面對專業工作一樣，我付出百分之一百一十的努力，用強勢的姿態投入舞蹈。後來也發現，這種態度對舞蹈來說有點過頭了，妳失去女性特質，好似突然逼近到觀眾面前，令人想倒退一步。妳在業界得強勢、自信，相關特質缺一不可。但舞蹈卻是脆弱、感性等柔軟的感覺。我在這兩者之間來回，在兩個領域都感到同樣愉快。

蘇珊發現天命的管道顯然不只一個。她熱愛工作，也熱愛她選擇的育樂活動——

我教領導學的時候，說到自己熱中的部分，心中也會產生一樣的感覺，只是當下的情緒不同。我的意思是，我覺得自信滿滿、對聽眾有影響力、彼此溝通無礙，也真心希望他們有所領悟；至於跳舞的時候，就變得比較柔弱，也少一點自信。但兩者對我來說都是抒發管道，只是方式不同，我也都能十足浸淫其中，情緒上也完全受到牽引。

最重要的是，她的生命因而更有意義，因為她選擇的育樂活動同樣帶來成就感，而不僅僅是單純的休閒娛樂。

我潛心研究「溝通」，但舞蹈反而讓我更深刻了解溝通的意義。你能感應到自己對別人的影響力，如果你心情不好，舞伴只要碰到你的手就知道了。所以，我心中感受到伙伴之間完美的結合、完美的溝通，也因而感受到無比的快樂。

那是一種神馳經驗，是全然的解放。我完全放空，腦子裡沒有好事，也沒有壞事。即使身邊有槍響，我也不會因而分心，這種感覺真的很神奇。

蘇珊的姊妹安卓雅（Andrea Hanna）在洛杉磯做執行特助的工作，她也跟蘇珊一樣在工作之外找到熱情，因而讓生命更豐富。她告訴我：

我一直到高三才開始喜歡寫作，當時的英文老師要我們自己選題目，寫一篇可以打動人心的大學入學作文。我一向很害怕這種作業，深怕自己寫個五頁的長篇作文之後，結果只是落得滿江紅。但我終究還是伏案疾書，闡述自己尚未做好進大學的準備，卻對即將開展的生命新頁感到非常興奮。我首度在學校指派的作文裡加入幽默成分，作文主題也第一次是我最了解的——自己。沒想到老師很喜歡我的作文，不但在全班面前朗讀，還投稿參加作文比賽。我得到第一名，受邀在許多專業女作家面前朗讀，甚至有報紙刊登我的照片！我非常興奮，進入大學之際也信心大增。

別人常說我具有鮮明的個人寫作風格，他們常說：「我一看就知道這是妳說的話。」上大學後，我偶爾寫一些回顧週末趣事的電子郵件寄給朋友，幫每個朋友派個角色，再稍微加油添醋一番，以便製造笑料。這些郵件在朋友之間轉寄，沒多久我就收到陌生人來信讚美我的文筆。能夠自然而然就擁有一項才能，讓人覺得很開心。

升大三那年暑假，我在廣播電台做櫃臺服務員，不到一個月，就開始幫電台寫一些打趣的廣告。電台經理很喜歡我的點子，決定要播送。所有的朋友都在收音機旁聽我寫的幽默廣告，不少橋段還是我親自演出。我很高興能看到電台製作我的作品，也得到了我期望中的回應。

因為作品受到認可，我意識到這份才能或許可以用在未來的工作上。大學畢業後，我進入娛樂產業，手上有好幾份工作，跟著電視編劇與電影製作人學習這一行的專業。過了幾年跑腿買咖啡、幫老闆洗車的生活之後，才發現這些別人夢想中的工作，有時反而是最枯燥的工作。我曾經夢想著成為電視節目「週末夜現場」的編劇，但也發現每週追趕截稿時間，以及高壓的工作環境，對我來說反而抹滅了所有的樂趣。我開始思考，何必靠薪水肯定自己的天分呢？追根究柢，我只是喜歡帶給別人歡笑，我的素描作品、短篇故事，或搞笑電郵，如果可以帶給別人歡笑，對我來說就足夠了。意識到這一點之後，我變得開心許多。

仔細想想，我之所以喜歡寫幽默小品，是因為在寫作過程中，我就變成機智幽默的人。過去很多年以來，我在學校的表現一向不好，因此都覺得自己很笨。但寫作給了我自信心，讓我覺得自己更完滿。

天命帶來快樂

從事這種育樂活動，目的是讓我們的生命更均衡，也就是在維持生計和開創人生之間取

得平衡。不論你是否能長時間與天命歸屬結合，都必須在某個時間點、透過某種方式與心中真正的熱情接軌，才能讓生命更完滿。

愈來愈多的人開始透過正式或非正式的網絡、社團、特殊節慶活動，跟其他人一起分享、一起投入共同的創作嗜好，例如合唱、劇場、科學社團、音樂活動等等。除了必須工作才能獲得的物質滿足之外，能讓你同樣感到快樂的，就是育樂活動在情感上與心靈上給你的滿足。

以「快樂」為主題的科學研究，相對而言是個新領域，而且在六十年前起步的時候也不甚順利。當時的心理學家馬斯洛（Abraham Maslow）指出，除了研究哪些因素可能導致心理疾病之外，我們更應設法了解人類的正向特質。很可惜，當代的心理學家並沒有被說動。

不過，塞利格曼（Martin Seligman）出掌美國心理學協會之後，這個概念逐漸產生廣泛影響。塞利格曼提出「正向心理學」一詞，並宣布在他一年的任期之內，首要任務就是進一步探索促進人類發展的因素。

自此，科學家廣泛針對「快樂」進行研究。佛戴斯（Michael Fordyce）在他的著作《人類快樂》（*Human Happiness*）當中指出：「快樂的人似乎比別人享受更多歡樂的時光，他們單純為了樂趣而從事的活動比別人多，也在每天或每週抽出更多時間，從事有趣、開心、愉快的活動。」

發現天命之後，不見得就能更加富有，甚至可能相反。為了探索熱情，可能促使你放棄投資銀行家的工作，只為了實現經營披薩餐廳的夢想。發現天命之後，也不見得就能讓你更出名、更受歡迎，或是在家庭中的地位更高。但不論是誰，即便只撥出一部分時間與天命歸屬結合，都能讓整體生命更加豐富與均衡。

天命的概念就是更有動力、更完整的人生，生命的各個元素並非彼此完全隔離，而是彼此互動、彼此影響。不論你在生命的哪個階段進入天命，不論占據你所有時間或只是一部分生活，都能讓你因而重新認識自己，並影響你的整個人生，以及身邊眾人的生命。

俄國小說家索忍尼辛說得一針見血：

如果你想改變世界，該從哪裡開始呢？
你自己？還是別人？
我認為，從自己開始做起。
做你該做的事，把自己提升到最好的狀態，
才可能將世界帶往更好的方向。

Chapter

11

學校的好成績不等於人生的好成績

教育體系其實不需要改革，他們需要的是轉型。
轉型的關鍵也不是追求一致性，
而是適應個體需求，發現每個孩子的個人天賦。
我們營造的教學環境必須讓孩子產生學習欲望，
並自然地發現自己真正的熱情。

本書中有許多人在學校的表現都不甚理想，即便成績優異，也可能並不喜歡上學。當然，也確實有很多人成績不但優異，也對學校提供的教育感到滿意。但有太多畢業生或中輟生無法確定自己真正的天賦何在，也不知道接下來何去何從，甚至認為他們所擅長的領域，在學校看來根本沒有價值。還有太多人認為自己一無是處。

有時候，脫離學校反而才是有益身心的途徑。布蘭森（Richard Branson）爵士一九五〇年出生於英國，就讀斯托中學（Stowe School）期間是個受歡迎的人物。他交遊廣闊、擅長體育活動，甚至當上足球與板球隊長。此外，他年紀輕輕就展現生意頭腦，才十五歲就開設兩家公司，分別銷售聖誕樹與虎皮鸚鵡。雖然不是很成功，卻能看出布蘭森在這方面的天賦。

他唯一缺乏認同感的對象，似乎就是學校。他的成績很差，對上課也不感興趣，雖然努力過，但似乎就是格格不入。十六歲那年，他終於受夠了，便一去不回頭。

老師們也對布蘭森的在校表現感到困惑，他顯然聰明、勤勉，個性也很好，懂得把心思用在正途；但同樣明顯地，就是他一點都不願意遵從學校的標準。導師談到布蘭森輟學的決定，說：「等到布蘭森二十一歲，若非蹲在牢裡，就是已經變成百萬富翁，但我完全猜不到是哪一種。」

布蘭森既已踏入現實世界，就必須設法經營人生。體育不是他的選項，因為他的技巧還夠不上職業水準；不過，另一個領域同樣燃燒著他心中的熱情，他也非常認同自己在這方面的天分——他想成為企業家。

布蘭森很快就開辦第一份事業，也就是《學生》雜誌。接著在一九七〇年又成立唱片郵購公司，後來拓展為連鎖唱片行，你或許聽說過維京唱片行（Virgin Megastores），這是他旗下第一家以「維京」為名的企業，當然並非最後一家。開設唱片行之後不久，他又設立維京音樂公司（Virgin Records），而後在一九八〇年代，跨行創辦英國維京航空公司（Virgin Atlantic Airways）。草創之初的公司幾乎沒有現金，只有一架從波音公司租來的 747 客機。直到今日，他的企業王國包含維京可樂、維京鐵路、維京燃料，以及野心最大的維京銀河（Virgin Galactic），這是第一家以送人上太空為業務的公司。當初布蘭森靈機一動，決定放棄學業，走上企業家的道路。導師的預言也應驗了一半，他真的在二十一歲變成百萬富翁。

布蘭森最後終於知道自己的學科成績不好，是因為患有閱讀障礙。他因此也無法理解數學，即便現在身為億萬富翁，照樣迷失在公司的損益表裡。有很長一段時間，他甚至弄不懂淨利和毛利的差別。有一天，他參加維京董事會議，他的財務長實在受不了，把他拉到一旁說：「老布，你這麼想好了：你去捕魚，朝著海裡撒網，漁網撈到的魚你可以全部帶走，那就是淨利（譯注：英文的『淨利』與『網』是同一個字『net』），其他一切則是毛利。」

「終於……」布蘭森說，「我終於懂了。」

布蘭森大刀闊斧經營企業的風格，以及他在眾多領域的顯赫成就，讓他在一九九九年被封為爵士。當初他在學校為了成績而掙扎的時候，誰能預見他如今的成就？但事情也並非全無端倪。

他告訴我：「事實上，我這一代的大企業家在求學期間全都痛苦不已，也都迫不及待想早日脫離學校，成為有用的人。」

麥卡尼倒不像布蘭森那樣對學校完全不感興趣，甚至曾經考慮從事教職，只是後來選擇成為批頭四的團員。然而他在校期間卻有一門課幾乎是一片空白，那就是音樂課。

我不喜歡學校的音樂課，因為幾乎等於沒上課。我們班就是三十個利物浦的小伙子，音樂老師一上課，就在老舊的轉盤上面放一張老舊的古典音樂黑膠唱片，接下來的上課時間都在休息室裡抽菸。所以他一走，我們就把留聲機關了，派一個人守在門口，然後拿出撲克牌和香菸，整堂課都在玩牌，把音樂課當成玩牌課，開心得很。然後老師快回來之前，我們就把唱片放回去，還把唱針放到最後面的曲子。他問大家有什麼感想，我們就說：「報告老師，那張唱片很好聽。」除此之外，我真的對音樂課沒有任何記憶，老實說，我們就只是在玩牌。

音樂老師完全沒讓我們學到任何音樂知識。說真的，他班上有喬治．哈里遜和保羅．麥卡尼，但他竟然沒辦法讓我們對音樂感興趣。學校裡從沒有人認為喬治和我有任何音樂天賦，那時候除非你參加小樂團之類的，否則別人根本看不出來。在學期結束之前，有人拿吉他出來彈，約翰因此參加了學校的一個小樂團。但除此之外，沒有人會注意你對音樂的興趣，也沒有人教我們音樂。

遭到輕視的創造力

天命歸屬不僅對個人而言至關重要，也能促進群體的健全。教育應該是引領我們找到天命的主要力量之一，卻經常提供相反的功能，這是所有人共同面對的嚴重問題，在許多教育體系中，問題甚至日益惡化。

我們該如何解決問題呢？

我收過世界各地許多學生寄來的電子郵件，以下這封來自於紐澤西一位十七歲的學生，他在二〇〇六年技術、育樂與設計大會上聽過我的演講。信函內容如下：

此刻我坐在房裡無法入睡，時間是凌晨六點。我現在面對的人生階段很可能影響往後的一生，幾星期後，我就要升高三，大學教育似乎成了生活的主題，我因而很不開心。並非我不想上大學，只是更想做一些不會扼殺創意的事。我對自己想投入的領域有完全的自信，但身邊所有人似乎都認為，拿到博士學位或其他無聊的工作才可能獲得成功的人生。我認為把生命用在無聊、無意義的事情上，實在很糟。現在就是我此生的大好機會……我才不管這是不是唯一的機會，如果我不採取激烈行動，就再也沒有機會做這件事了。每次我跟爸媽或朋友的爸媽說，我想做的事絕非平庸老套的醫生或商人，他們就擺出莫名其妙的表情，令我厭惡。

我意外看到一段錄影，影片中的人探討的概念，恰是我腦中盤旋已久的想法，讓我開心得快掛了……如果每個人都要當藥師，那麼未來在醫藥界的工作就不再那麼尊貴了。我不要錢，不要什麼討厭的名貴轎車，我要把生命用在有意義的地方，卻很少得到支持。我只是想告訴你，你讓我再次相信我可以追尋夢想——畫家、素描家、作曲家、雕塑家、作家，我真心感謝你為我帶來希望。每次我做出不尋常的作品，就得忍受美術老師怒目相向。有一次我把洗筆水倒在老師認為「可以接受評分的完整作品」上面，她臉上的表情真是精采！學校劃了非常嚴格的界線，但我想要自由突破，想要用半夜三點腦子裡冒出來的靈感進行創作，我討厭畫一些無聊的舊鞋子或樹木，我也不喜歡給藝術作品「評分」。是誰開始想到給藝術作品「評分」的？我敢打賭，如果畢卡索把作品拿給小時候的美術老師看，老師一定氣得當掉畢卡索。我問老師，我可不可以把雕塑跟畫布結合，兩者交錯在一起，讓雕塑製造幻象，好似這幅畫是活的，朝著賞畫的人逼進……。她的回答是：「不可以！」我高三就要上一堂先修藝術課，他們卻不准我做三度空間的藝術作品？實在毫無道理。我們需要像你這樣的人到紐澤西來做一、兩場演講，談談這個被輕視的東西——創造力。

我第一次開口說我長大之後要當藝術家，立刻就吃到苦頭，因為所有的回應不是訕笑就是皺眉。人為什麼不能做自己喜歡的事？難道快樂就是大房子、大螢幕電視，或是盯著股票行情看，只要S&P指數下滑一個點數，你的眉頭就跟著糾結？這個世界已經變成擁擠、恐怖、好鬥的地方。謝謝你說了十九分鐘又二十九秒的實話。祝福你！

這位學生抱怨的兩個主題，就是多數人在學校都曾遭遇的問題。其一是第一章討論過的科目階級制度，其二是「從眾」被認為比「多元」更重要。

從眾或創新

公眾教育讓學生承受很大的從眾壓力。公眾學校不僅是為了服務工業主義而誕生，甚至就是以工業主義為模型而設計。學校的存在既是為了支援工廠，在許多方面自然也反映了工廠文化。其中最明顯的是中學教育，根本是以生產線與勞力分工的效率為基礎，將課程分為幾個專長領域，某些老師負責灌輸數學、某些老師負責灌輸歷史，並且把上課日切成標準的單位時間，用鈴聲當作區隔，就像工廠宣布一天工作時間的開始或休息時間的結束。學生依年齡被分批受教，好似孩子們最重要的共同點就是「製造日期」。每到一定的時間點，學生就接受制式測驗，依結果在學生之間排序，最後把他們送入市場。我知道上述類比方式或許忽略了教育系統內的許多細節，學校與工廠亦非完全如出一轍，但也夠相似了。

教育系統也有不少正面的效益與成果，剛好擅長於傳統科目的學生想必受惠良多。而多數人經過十幾年的公眾教育之後，至少都具備基本識字能力，拿到百元鈔票也知道該怎麼找零。只是，輟學率（尤其在美國）卻異常地高，學生、教師、家長之間的不滿情緒又更高。在二十一世紀的時代力量之下，工業主義的教育架構已經開始動搖，最有力的證據就是大學文憑的價值逐漸降低。

在我還是學生的時代，我們不斷被灌輸一個觀念——只要努力取得好成績，最好是拿到大學文憑，這輩子就不愁沒有好工作。那時候沒人會相信一個有大學學歷的人有可能失業，唯一的可能性就是他自己不想工作。

我在一九七二年從大學畢業，我就是那個自己不想工作的人。我從五歲就開始上學，所以希望休息一段時間，藉以找尋自我，並決定去印度，以為這樣能有幫助。結果呢？我沒有去印度，最遠只到了有很多印度餐廳的倫敦。但我也從不懷疑，只要我想工作，隨時出門就找得到。

現在的情況可就不同，大學畢業生不見得能在專長領域找到工作。許多頂尖學府的畢業生，最後只能做相對低階的工作，或回老家去思考何去何從。二〇〇四年一月，美國大學畢業生的失業率甚至高於高中輟學生。儘管難以置信，這卻已是事實。

很多國家的大學畢業生都面臨各種問題。英國畢業生招募協會指出，二〇〇三年大專以上學歷的工作機會比前一年減少了百分之三．四，平均每份工作的應徵者從前一年的三十七人增加為四十二人。這顯示好工作的競爭已更為激烈，即便高學歷求職者也無法倖免於外。中國號稱是全球成長最快速的經濟體，但大學畢業生的失業情形卻十分嚴重，根據某些估計，中國每年產生三百萬以上的大學畢業生，失業率是百分之三十。萬一中國經濟成長趨緩，情況又將如何呢？

不可諱言，剛踏入就業市場的人如果有大學文憑，確實比較占優勢。美國人口調查局近期的報告指出，相較於只有中學文憑的人，大學畢業生一輩子賺得的薪資大約高出一百萬美元，持有專業文憑的人更高出三百萬以上。

但明顯的事實也指出，相較於過往，大學文憑的價值所剩無幾。過去可說是通往好工作的護照，現在頂多相當於簽證，只能讓你短暫停留在工作市場。這並非表示大學文憑的標準比過去低（這一點很難判定），主要還是因為大學畢業生的數量增多。在工業時代，多數人都從事勞力、藍領工作，只有少數人可以上大學，所以拿到大學文憑的機率，就好像「巧克力冒險工廠」裡面的小男孩抽到黃金彩券一樣稀奇。時至今日，大量人口從大學畢業，四年教育的文憑不過像包著巧克力的錫箔紙罷了。

為什麼大學畢業生數量增加這麼多？第一個原因是（至少就開發國家而言），二十一世紀新經濟體的驅動力，已逐漸轉變為數位技術與資訊系統的革新，勞力工作的重要性降低。我伯父口中的「頭腦差事」則愈見重要，因此愈來愈多人有必要取得更高的學歷。

第二個原因則是全球人口的增加，根據我不久之前的了解，全球人口在過去三十年之內，已經倍增為六十億，並可能在本世紀中期達到九十億。據估計，未來三十年內增加的大學畢業生，將高於歷史上的總數。

經濟合作開發組織（ＯＥＣＤ）指出，一九九五到二〇〇五年之間，大型經濟體的畢業率提高了百分之十二。超過百分之八十的澳洲年輕人都有大學文憑，在挪威的數據也大致相同，美國則是百分之六十，中國是百分之十七，且快速增加中。不久之前，中國只有將近百分之四的年輕人進入大學。

高等教育人口大量成長的結果之一，就是大學入學競爭更為激烈，甚至教學品質名不符實的大學，也一樣熱門。這股壓力催生了一種新的行業——商業性質的家教，或是升大學補習教育。此現象在日本尤其明顯，全國各地都有「補習班」，甚至已成為連鎖企業。其招生對象包含幼兒，甚至是一歲的孩子，幫助他們準備明星小學的入學考，這可是未來進入頂尖日本大學的第一步。在日本，年幼的孩子做著文學、文法、數學等眾多科目的練習，以便取得「競爭」優勢。至於休閒、藝術、工藝，就別提了吧！日本人普遍相信，長大之後可否居於高位，大約在上小學之前就已大致底定。

美國與其他國家也有同樣的現象，例如，在洛杉磯或紐約等都市，也必須經過激烈競爭，才能取得特定幼稚園的名額。三歲的孩子就要接受面試，以便判斷他們是不是塊料。我猜想這些積極認真的遴選委員，大概一邊翻閱這些幼兒的履歷表，一邊鑑定他們過去這一生的成就，然後說：「就只有這樣嗎？你已經出世三十六個月了，就只有這些成就？我看你前六個月大概什麼也沒做，只是每天躺著咯咯叫吧？」

全球各地都存在著補習體制，英國的補習教育著重在大學入學測驗，美國也同樣以準備SAT考試為重點。印度的補習班被稱為「輔導班」，也是幫助學生通過競爭激烈的考試。土耳其的「私人教室」則是在週末或課後時間提供各種課程，設法讓學生超越他人。

如此的教育系統導致學生得面對沉重壓力，我們很難相信任何人（無論學生或社會）可以因而受益。多數國家都試圖進行教育改革，但在我看來，他們的方向完全錯誤。

教育體系不需要改革

幾乎所有的公眾教育系統都正在進行改革，遍及亞洲、美洲、歐洲、非洲、中東。主要原因有二，第一是經濟因素，世界各地都面對相同的經濟挑戰——如何透過教育，讓人民有能力在快速變遷的世界中工作，並累積財富。第二是文化因素，世界各地的社會都盼望受惠於全球化的趨勢，同時不希望在過程中失去自己的文化認同，例如，法國人希望保有法國特色、日本人希望保有日本文化。文化認同總是不斷演進，而教育就是用來控制變動程度的手段之一，因此我們總是為了教育內容而爭論不休。

各國教育當局錯以為，提升過去的教育方式，就是面對未來的最好辦法。教育系統包含三大元素：學校要求學生修習的「課程」、輔導學生進行學習的「教學」，以及判斷學生表現的「評量」。多數教育改革的重點都是課程與評量。

首先，教育當局常試圖主導課程內容，具體規定學生該學些什麼。這樣的做法只是更強化已過時的科目階級制度，更進一步強調學科的重要性（例如本書討論過的「回歸基礎」概念）。在現實環境裡，這個概念反而導致其他學科（以及擅長這些學科的學生）更嚴重地邊緣化。例如在美國，超過百分之七十的學區都因為〈有教無類法案〉而減少或全數刪除藝術相關課程。

其次，教育當局也更重視「評量」。這個概念本身並沒有錯，問題在於方法。教改運動幾乎更仰賴如雨後春筍般出現的制式測驗，因而更加壓抑教學系統的革新力與創造力，這也壓抑了學校與學生成長茁壯的重要因素。幾項研究調查指出，任由制式測驗橫行，已對學生與教師的士氣造成負面衝擊。我可以舉出不少例證。

最近有個朋友告訴我，學校課程進行到十月時，他八歲的女兒說，老師從學年開始以來，「根本沒教課」，因為校方要求老師專心準備州內即將實施的全面測驗。朋友的女兒覺得，這些永無止境的測驗預習非常無聊，希望老師可以教課，而非準備考試。沒想到，朋友和妻子參加半年一次的家長會議時，也聽到老師強烈抱怨，該學區在每個教學績效評分階段，都要舉辦制式測驗，校方強迫她幫學生做準備，她自己很重視的閱讀課程反而沒多少時間可以授課。顯然好老師也認為他們的創造力受到壓抑。

第三，教育當局對「不及格」的學校施加懲罰。〈有教無類法案〉規定，無論社會經濟等環境因素的影響如何，連續五年未達標準的學校，都必須面臨教師與校長被解職、學校關閉，或交由私人機構或州政府接管的命運。因此，各校都努力配合科目階級制度與制式測驗的文化，因為害怕受到懲罰，而幾乎不再費力培養創造力，或照顧學生個人天賦與特殊需求。

容我在此澄清，我並不反對制式測驗的原理。我若接受身體檢查，也希望是標準檢驗方式，我要知道自己的血糖與膽固醇跟別人比起來是多高，我要醫生使用標準化的檢驗與評量方式，而不是他開車上班途中自己發明的辦法。但測驗只是診斷過程的一部分，醫生必須知道如何解讀檢驗結果，並根據個人生理狀況，告訴病人該採取什麼措施。

教育也是同樣的道理，如果運用得當，制式測驗提供的資訊可以輔助並提升教育品質。但是，當這些測驗不再只是教育工具之一，而變成教育的重心，問題就產生了。

且不論制式測驗有什麼教育效果，現在都已成為龐大商機。制式測驗愈來愈受重視的現象，背後其實存在著很大的利潤考量。美國審計局的數據指出，二〇〇二到二〇〇八年之間，為因應〈有教無類法案〉規定而實施的測驗，消耗了每個州政府十九到五十三億美元的預算。而且這個數字只計算直接成本，若再加上間接成本，則可能膨脹十倍之多。這筆錢多數都進了民間測驗公司的口袋，他們負責測驗的設計、實施、評分，儼然已是蒸蒸日上的產業。審計局也指出，這些測驗公司在七年內可能創造超過一千億美元的商機。

你大概已經注意到，我還沒有機會提到「教學」這個元素呢！這都是因為教育當局多半不了解，若要提升教育水準，教學才是最根本的重要元素。基於我在教育界數十年的經驗，我強烈認為，雖然課程或評量也很重要，但一股腦把力氣全數耗費在這兩者之上，並非提升教育水準的最佳方式。最有效的方法應該是將資源用於提升教學品質，以及教師的水準。沒有任何一所好學校裡面沒有好老師，但很多劣質學校卻不乏課程標準與制式測驗。

從我們所面對的挑戰看來，教育體系其實不需要改革，他們需要的是轉型。轉型的關鍵也不是追求一致性，而是要適應個體的需求，發現每個孩子的個人天賦。我們營造的教學環境必須讓孩子產生學習欲望，並自然地發現自己真正的熱情。我認為最重要的，就是必須落實天命的概念，世界各地有許多令人振奮的成功教改，都反映了天命概念的強大力量。

關鍵在於轉型

我第一階段的專業生涯中，專注的領域是戲劇教育。我認為戲劇可以激發孩子的想像力、促進團隊合作、提升自我尊重，並建立班級與學校的團體認同感。這些效果之強烈，經常令我十分驚喜。當孩子們可以彼此學習，師生之間也能教學相長，所創造的學習效果通常也最理想。我與內人泰芮結識之際，她正在利物浦諾斯利區的一所小學教戲劇。這所小學雖然是低收入地區的學校，卻締造了非凡的教學成果。原因很簡單，第一、學校有一位堪為典範的領導人，他非常了解學童的生活，也了解該如何激發孩子的學習欲望。第二、他聘用的教職員（例如泰芮）都深具熱誠，也具備跟孩子溝通的天分。以下是泰芮描述該校的教學方法：

我真心相信，若能將戲劇與學校課程做適當的結合，可以讓學校文化產生根本的轉變。這個信念來自於我在利物浦最貧困的地區擔任老師的經驗，我們甚至在學校準備乾淨的衣服，供某些孩子在上課的時候穿。所以他們早上來，穿上這些乾淨衣服，回家之前再換下來。如果只是把衣服送給他們，大概一星期之內，衣服就會變得跟他們使用的其他東西一樣糟糕，甚至神祕地消失。

有些孩子家裡的環境非常惡劣，我記得在創意寫作的班上，一個小女生的文章出現嬰兒屍體的描述。由於她寫得十分逼真，校方便聯繫社福人員去探訪女孩家中的情況。他們發現，女孩有個早產的妹妹已經過世，屍體就在她的床底下腐爛。我們的班級人數太多，還得面對你想像得到的所有社會問題；但我們也有一群具有國際水準的認真教師，以及一位有遠見的校長。

他認為必須好好利用老師的專長，也認為教學必須以學生為中心。他召開教職員會議，討論該如何重新規劃上課方式，並詢問每一位教師的特殊專長，以及我們最喜歡的教學項目。當時一般學校都讓學生整天跟著同一位導師上課，但我們經過幾個月的會議之後，設計了一套新的教學計畫，上午教閱讀、寫作、數學，下午則教各個老師最喜歡的科目，也就是說，一星期的課程結束後，每個老師等於教了全校的學生。

我是戲劇老師，職責是先研究每個年級所有的學習科目，然後找個大場地，讓這些科目活起來。另外還有教美術、地理、歷史等等的專責老師，我們負責幫每個年級選擇上課主題。例如，十歲的孩子學習法國大革命的歷史時，就在科學老師的協助下製作斷頭臺，然後由我排演一場審判、執行死刑，甚至一邊學幾句法文，我們還「處決」了幾位老師呢！

如果教到羅馬時代的考古學，我們就改編《凱薩大帝》。孩子們已經習慣這種教學方式，學校舉辦戲劇公演時，孩子們都非常有自信，也非常積極參與演出。大家分工合力製作戲服與布景、寫詞、唱歌、跳舞，並且迫不及待想要上課。所有人都很開心，看到孩子們培養出社交能力、彼此互動，我也很有成就感。

孩子們不曾有機會如此發揮想像力，所以過去似乎一無是處的孩子，突然發現自己也能發光發熱。坐不住的孩子不再需要受到限制，更多孩子也發現自己會演戲、娛樂他人、寫作、辯論，並且自信滿滿地站在台上面對觀眾。學生各方面的課業都出現大幅改善，家長也給我們很大的支持，郡長甚至選擇我們學校當成教學模範。這都因為我們有一個好校長杭特（Albert Hunt）先生。

保羅．麥卡尼雖然在音樂課的體驗不盡理想，另一位老師卻給他很好的學習經驗。這位老師深知足以打動青少年的辦法，因此成功地讓麥卡尼認識了英國文學家喬叟（Geoffrey Chaucer，1340-1400，詩人與作家，被譽為「英語詩歌之父」）。

我碰過最好的老師是英文老師杜班（Alan Durband），他真的很棒。我在他的課堂上也很乖，因為他懂得我們這些十五、六歲男孩的心理。他在進階英文課上帶我們讀喬叟，你幾乎不可能看得懂，莎士比亞已經夠艱澀了，喬叟更難懂，就好像是另一種語言，例如「Whan that Aprille with his shoures soote（四月的甜美細雨……）」。但杜班老師也提供寇希爾（Nevill Coghill）翻譯的白話對照版，一頁是喬叟的古文，另一頁就是對照的白話文，這樣你就可以看懂裡面的故事。

他告訴我們，喬叟在他的時代是廣受歡迎的作家，風格猥褻。他知道這麼說可以讓我們感興趣，果然奏效。他要我們讀《磨坊主人的故事》（*The Miller's Tale*），大家都不敢置信內容居然那麼猥褻。裡面有個女人把屁股抬到窗外，男人說他親吻著毛髮……。我就這樣上了癮，他真的讓我對文學起了反應。他知道「性」就是與學生溝通的鑰匙；確實如此，他一轉動這把鑰匙，我就上癮了。

預設孩子有創意的學校

世界各個角落都有不少發人深省的良好教育模式，一九六〇年代初期，義大利北部的小鎮瑞吉歐．艾密利亞（Reggio Emilia）出現突破性的幼兒教育法，如今已是全球皆知的「瑞吉歐教學法」。此教學法的預設立場是，孩子們都有旺盛求知欲、有能力靈活應變，且充滿無限潛能。課程設計以孩子為中心，教師依照孩子的興趣進行教學。此外，學校的環境也非常重要，被視為重要的教學工具。老師在教室裡布置戲劇演出區、工作桌，以及各種學習環境，鼓勵孩子們互動、一起解決問題，並學習與人溝通。

瑞吉歐學校安排了充分的時間上藝術課程，認為人類的學習方式有很多種，孩子應該透過繪畫、音樂、偶戲、劇場等藝術形式，學習多種「符號語言」，才能以適合自己的方式，去探索並開發獨特的天賦。瑞吉歐教學法的創辦人馬拉古茲（Loris Malaguzzi）寫了一首詩，說明得恰如其分：

孩子有一百種。
有一百種語言
一百隻手
一百個想法
一百種思考方式、玩耍方式，及說話方式。
總是有一百種聆聽的方法、驚喜的方法，和愛的方法
還有一百個開心
去唱歌、去了解

一百個世界可以探索
一百個世界可以創造
一百個世界可以夢想。
孩子有一百種語言
（以及一百、一百、再一百）
但他們偷走了九十九種。
學校與文化
把頭腦和身體切開
他們告訴孩子：
別用手想
別用頭做
只要聽、不要說
了解的時候不必喜悅
愛與驚喜
就留給復活節和聖誕節。

他們告訴孩子：
去發現一個已經存在的世界
那是孩子原本的一百個世界
卻被他們偷走了九十九個之後僅存的世界。
他們告訴孩子：
工作和玩耍
現實與幻想
科學與想像
天空與大地
理智與夢想
這些事
不能結合在一起。
因此他們告訴孩子
沒有一百，
孩子說：

不，一百就在眼前。

瑞吉歐學校的教師以每週的短期教學計畫為單位，與整學年的長期計畫結合，讓學生從各種角度進行知識探索，學習怎麼做假設，以及如何與同學合作，整體課程設計感覺上就好像遊戲一般。教師自認是為學生服務的研究員，幫助學生廣泛探索他們的興趣，同時跟著學生一起繼續學習。

過去二十年以來，瑞吉歐學校廣受讚譽，也贏得多種獎項，包含樂高獎、國際安徒生文學大獎，以及柯爾基金會（Kohl Foundation）頒贈的獎項。目前全球各地都有學校採用瑞吉歐教學法，包含美國的三十所學校。

「格蘭治鎮」（Grangeton）的情況跟瑞吉歐大不相同。事實上，格蘭治鎮並非真的小鎮，而是格蘭治小學（Grange Primary）學生經營的一個環境，位於英國中部諾丁罕郡的長伊頓鎮。這個鎮裡有鎮長、鎮議會、報社、電視台、菜市場、博物館，全部都是由孩子們負責管理。校長葛維爾（Richard Gerver）認為「年輕人必須做有意義的學習」，所以當學校董事會聘請他幫忙拯救不見起色的校務，他便大張旗鼓創造了格蘭治鎮，賦予每個孩子一個真實世界的職位，藉此啟發孩子們的學習。「我強調的是實際體驗與環境背景。」葛維爾這麼告訴我。

葛維爾讓學校課程完全改觀，不過依然符合國家測驗的指導原則。學生的課業非常繁忙，但教學方式能夠有效幫助孩子理解這些知識的實際用途。**學生必須經營收銀台或估算公司獲利，數學的意義因而更為豐富。如果你獲聘撰寫電影劇本，識字與寫作的能力就有額外的意義。當學生運用科技製作電視節目，科學便活了起來。因為得決定廣播電台的音樂播送清單，音樂賞析因而有了實際目的。因為議會必須進行決議，公民課也就更有道理。**葛維爾還定期邀請業界的專業人士，幫學生做技術訓練，英國國家廣播公司就提供了很大的支援。

高年級學生擔當責任較重的職位（他們的課程與格蘭治鎮的結合程度也最高），低年級生一入學就開始扮演積極角色。葛維爾表示：

> 我們從不對孩子說：上課是為了通過考試。學生可以看到格蘭治鎮如何因為他們的知識而向前發展，這才是學習的意義，考試的目的只是評估他們在這個目標之下的進步狀況。因此，這些孩子對於自己為什麼要上學，都有了全新的認識。

格蘭治小學的出席率高出全國平均數字許多，學生在國家測試中的表現也可圈可點。二〇〇四年，該校百分之九十一的學生有英文能力（相較於教學方案開始之前的二〇〇二年，提升了三十個百分點），百分之八十七的學生有數學能力（提升百分之十四），百分之一百有科學能力（提升百分之二十）。葛維爾說：

教學方案對孩子的態度也產生深刻影響，過去缺乏學習動機、無精打采的學生，特別是男孩子，以及沒機會發揮潛力的學生，現在都有高昂的學習興致與專注力。教室裡洋溢著這種學習精神，老師也逐步調整、開發課堂的教學與學習，更加強調實際體驗與環境背景。學生的自信心提高之後，也變得更為獨立。格蘭治小學提供的學習經驗都有真實的目的，學生不但有興趣，也有參與感。整體效果甚至擴及教職員與家長，他們也逐漸對教學方案的未來發展貢獻更多心力。

負責督導學校的英國教育標準局（Ofsted）對格蘭治小學的評語是：「學生喜歡上學，談起學習經驗的時候，顯得滿腔熱情，也以積極、開心、自信的態度面對課業。」

美國奧克拉荷馬州也有一項突破性的教學方案，名為「A⁺校園」（A⁺ Schools），它的前身是北卡羅萊納州一項極為成功的方案。目前「A⁺校園」方案在奧克拉荷馬州有超過四十所學校施行，該方案將藝術視為各個學科的教學工具。例如，學生可能寫些饒舌歌，幫助自己了解文學作品的主題；或利用大小不同的拼貼圖塊，讓自己了解數學的實用性。此外，歷史上的關鍵時刻可以透過戲劇方式呈現，而舞蹈的動作則可用於強調科學理論。其中幾所學校每個月都舉辦「表演教學」，將表演形式與學術內容做結合。

「A⁺校園」計畫鼓勵老師使用的教學工具包含：概念構圖、教學主題網絡設計（在不同科目之間建立關連）、研擬特定的課堂討論要點、設立跨學科主題教學小組，以及課程交互整合。這些學校以實際體驗的學習方式設計課程，使用改良過的評量工具，幫助學生隨時了解自己的進步，也鼓勵不同學科的教師之間、學生之間，以及學校與社區之間彼此合作。學校的基礎設施不但能輔助教學計畫，還能以特殊的方式實施州政府規定的課程，所營造的環境也能讓學生與老師都有高昂的上課情緒。

參與「A⁺校園」方案的學校散布在不同的人口區域，包含都市與鄉間的學校、大型與小型學校，以及位於富裕區域與清寒區域的學校，卻同樣能在制式測驗上取得更好的成績，經常超越同一人口區域內、未採用「A⁺校園」方案的學校。其中一所A⁺學校——奧克拉荷馬市的林伍德小學（Linwood Elementary School），曾兩度贏得奧克拉荷馬一級學術成就獎，此外二〇〇六年，全國都市學校轉型中心從全國選出五所學校，頒予優異教育獎，該校也是其中之一。

教育應該激發孩子的潛能

本書最重要的論點就是：我們亟需更完整地發揮天生的潛能，如此不僅能促進個人身心健康，還能使人類社群更為健全。教育應該能夠開發這些潛能，但從我寫書的種種因素看來，事情並不見得如此。許多書中人物都表示，他們走完了整個教育過程，卻不曾發現自己真正的天賦。我們可以說，他們直到離開學校、並且從所受的教育中「康復」之後，才終於發現自己真正的能力所在，而且這種說法一點也不誇張。我一開始就點出，問題的根源並不是教師，而是教育系統本質上的整體缺失。事實上，若要真正解決教育的困境，唯一的做法就是讓懷抱教學熱忱與創意的老師獲得充分授權，並設法點燃學生的想像力與學習動機。

天命的核心概念與原則，對教育的每個重要領域都可能產生影響。首先，二十一世紀的學校課程必須從根本去轉變。我曾將人類智力的三項特質定義為多元、動態的互動，以及因人而異的獨特性，接下來讓我們探討這個定義在教育上的意涵。第一、我們必須摒除現行的科目階級制度，如果在各個科目之間給予差別待遇，只是繼續強調已經過時的工業主義，並違逆了「多元」的原則。太多學生的天生才能因此在受教育的過程中，遭到邊緣化或完全被忽視。其實不論藝術、科學、人文、體育、語文、數學，都能在學生的教育過程中提供同等重要的貢獻。

第二、我們必須質疑「科目」的基本概念。世代以來，我們都認為藝術、科學、人文等科目之間，彼此屬於不同的範疇，事實上卻有相當程度的共通性。藝術包含許多技巧與客觀性，而科學的精神也有同樣程度的熱情與直觀性。若認為科目之間彼此無關，就違背了「動態的互動」原則。

教育系統設計課程時，基本概念不應是彼此獨立的一堂堂「科目」，而應是寓意更豐富的「學科」。例如，數學並非只是一套供學生死記的資訊，而是各種理論、實用技能，以及概念，所形成的繁複網絡，也就是一套「學科」。其他如戲劇、藝術、技術等，也都是如此。採用「學科」的概念，才可能讓學科之間彼此靈活互動，達到跨學科教學的效果。

第三、課程設計應該個人化。真正的學習存在於個別學生的頭腦與心靈之中，而不在多重選擇題的資料庫裡。我懷疑有多少學生清早起床之際，腦中只想著該如何提升州內的閱讀評量分數。學習方式因人而異，如果我們的目的是幫助學生找到天命，這一點就更為重要。目前的教育體制並不考量學生的個別學習特性或個別天賦，因此違背了「個別獨特性」的原則。

我想，多數出現在書中的人物都會同意我的論點。**他們之所以能夠釋放潛能，就是因為找到了心中的熱情，並且有機會去實踐這份熱情。**就像李波斯基說的：

最重要的，就是鼓勵孩子們繼續做自己有興趣的事。當我對魔術產生興趣，我得到很大的鼓勵與支持，現在我對魔術的投入程度，就跟藝術創作一樣。也許有個孩子對籃球很感興趣，但不是想上場打球，而是研究球員的背景資料、哪個球員應該轉到哪支球隊才比較適合等等。這看似無用，但或許這個孩子最後會變成球隊經理呢！如果全班只有一個孩子是歌劇迷，他的興趣也應該獲得認可與鼓勵。最重要的就是培養孩子的「興趣」，不論是哪一種興趣。

天命的概念對教學也有很大的影響。太多教育改革都把教師排除在外，但世上最成功的教育體制均抱持相反的理念，認為應該大量投資在教師身上。其中的原因是，當你的天賦、困難、特殊能力得到他人的認可與了解，你成功的可能性就更高。正因如此，「良師」在許多人的生命中成為如此正面的助力。**優秀的教師向來都了解他們的任務不是教課，而是教學生。**良師具有個人輔導的功能，教育系統才能夠活絡起來。

體系的重要元素。

標準化或個人化？

天命的概念也可能影響評量制度。教育系統一直以來都因為制式測驗制度，而遭到嚴重扼制；然而，除了幾個特例之外，教育水準並未因測驗的實施而獲得提升，反而戕害了教育體系的重要元素。

為了進一步說明這個概念，讓我們把教育品質管制的做法，拿來與另一個完全不同的領域做比較。餐飲業有兩種不同的品管制度，第一種是速食模式，這種模式要求一致性，藉此保證餐飲品質。速食連鎖店規定每家分店供應的菜色、漢堡或雞塊的材料、食用油的種類、麵包規格、薯條製作方式、飲料成分，以及供餐程序，此外也規定店面裝潢方式、員工穿著，所有一切都是制式規定。這些速食店對食客的健康通常只有壞處，因為某些種類的速食就是造成全球大量肥胖現象與糖尿病的原因之一。但至少，他們有「一定的」品質保證。

另一種品管模式是米其林餐飲評鑑指南。評鑑單位律定具體評估等級，但並不規定餐廳的經營方式。他們不規定菜單、員工穿著、店面裝潢，這些都是個別餐廳的自由創意。評鑑人員只律定評估等級，至於如何符合評鑑的等級，就取決於個別餐廳的判斷了。評鑑過程亦非採取一體適用的規則，而是由美食專家進行評量，這些專家深諳門道，知道真正的好餐廳該是什麼模樣。在這個品管制度之下，所有入列的米其林餐廳都有非常高的水準，卻各有獨特的風味。

這就是教育的主要問題之一，各國應該都要採取米其林模式的教育品管，但普遍可見的卻都是速食模式。**教育的未來發展所憑藉的原則並非「一體適用」，而是「因材施教」；不是鼓勵群體思考或「去個人化」，而是以靈活的方式深入探索人類多元的潛能。為了我們的未來，教育必須與天命的概念結合。**

本章列舉的教育範例明確指出二十一世紀所需要的教育，其中展示的教學原理，是有遠見的教育家早已倡議了數個世代的理念。他們的遠見超越了自己的時代（因此稱為「遠見」），常被一般人指為反常，甚至怪異；在當時的眼光看來或許如此，但如今正是恰好的時機。**我們若真心想落實教育改革，必須了解時代的腳步，跟上新時代的潮流，才能乘著時代巨浪往未來而去，否則便只能被巨浪吞噬，沉沒在舊時代的死水裡。**

無論對教育系統，或受教育的人來說，這都是攸關成敗的關鍵。

後記

全體人類都必須活出天命

如果我們能發現自己的天命，
並鼓勵他人發現他們的天命，
人類的發展就有無限生機。
若做不到這一點，生命當然也可以繼續，
只是失色許多。

為了發現你真正的潛能，並認識真正的自我，你必須找到自己的天命。就某方面而言，這是個人的問題，只影響到自己與身邊的親友。若從更宏觀的角度來看，天命的概念對學校、企業、社區、社團……的運作方式也能產生深遠影響。天命的核心原則其實已然深植於全體人類的生存發展。

人類對世界的理解並非直接的觀察，我們與世界之間其實隔著由概念與思想所形成的框架，好像過濾器一樣，篩選我們理解世界的方式與內容。人類意識存在著某些根深柢固的概念，我們甚至不再感覺到它們的存在，只當成簡單明瞭的常識，但在我們利用某些比喻與意象去理解自己或世界時，這些所謂的常識卻經常被引用。

偉大的物理學家牛頓的治學背景是機械時代初期，他眼中的宇宙就像巨大無比的機械時鐘，有著準確無誤的週期與韻律。愛因斯坦等其他科學家呈現的宇宙則完全不同，其中的神祕奧妙，絕對比你珍藏的手錶更為複雜、微妙，且生氣勃勃。現代科學改變了我們慣用的比喻，因此也改變了我們對宇宙運作方式的理解。

不過，我們現在形容個人或團體的時候，依然經常以機械或科技為比喻。我常聽到人腦被比喻為電腦。例如，腦中資訊的「輸入與輸出」、「下載」某些情緒，或說某個人的行為是來自於他的「硬體線路」或「程式」。

你若在機關組織內工作，想必見過組織架構表，通常由許多方框組成，框裡寫著人名或職掌，再依照階級關係，用直線將方框連結起來。這些圖表大多類似建築藍圖或電路圖，其基本概念就是把機關組織視為機械，各個零件與功能只能以固定的方式連結。

透過比喻或類比，我們可以指出事物的相似之處。無生命的電腦與活生生的人腦之間，的確在運作方式上有些類似。**然而，你肩膀上的頭腦顯然不是裝在鐵盒裡的固體裝置，人類的機關組織也不是機械，其中的成員是活生生的人，他們的動力來自於情感、動機與人際關係。組織架構表可以顯示階級，但無法看出一個組織的見解或實際運作方式。**人類的組織與社群其實並不像機械，卻比較類似有機體。

環境危機

我不久前才去參觀了自然歷史博物館，那真是個很厲害的地方，每個隔間各以不同的物種為主題。其中一個展示廳的蝴蝶陳列在精美玻璃框裡，以蝴蝶的身體為固定點，配合詳盡的標籤，展示這些蝴蝶的……屍體。博物館依照蝴蝶的種類與體型大小進行分類，大型蝴蝶放在上面、小蝴蝶在下面。另一個展示廳的甲蟲也是依照種類與大小陳列，還有蜘蛛展示廳也一樣。把各個物種分門別類放在不同展示櫃裡，也是研究物種的方式之一，而且相當有教育性。只是現實世界並非如此，在博物館之外，你看不到蝴蝶依序排隊在空中飛舞，大蝴蝶飛在前面，小蝴蝶跟在後面。你看不到蜘蛛排成整齊的縱隊爬行，由小型蜘蛛殿後，同時一旁的甲蟲們也客氣地保持距離。在大自然裡，這些生物混雜一處，生活在錯綜複雜、相互依賴的環境裡，彼此的命運也息息相關。

人類社群也是一樣；自然生態系統面對的危機，同樣威脅著人類。這是一個令人震撼的比喻方式。

卡森（Rachel Carson）在一九六二年震撼各界的著作《寂靜的春天》（*Silent Spring*），探討了各種生物系統之間的關係，以及人類普遍對此的無知。她認為，農夫用來提升作物品質、殺死害蟲的化學製品或農藥，已導致意料之外的嚴重後果。這些藥劑進入土壤，毒性化學物質造成水源汙染，也傷害了海洋生物。由於無法分辨好蟲或害蟲，而一律撲殺，農夫破壞了脆弱的生態系統，以及在系統中維持生命的生物，包含昆蟲賴以繁殖的植物，以及無數以昆蟲為食物的鳥類。鳥兒們死去之後，牠們的歌聲也跟著沉寂。

卡森的先知灼見幫助我們改變過去對生態與自然界的看法。從工業時代開始，人類一直認為大自然蘊藏著取之不盡、用之不竭的資源，可以供應工業製造與人類的物質享受。我們為了取得煤礦等礦物而開挖礦坑、為了石油與天然氣而鑽鑿床岩，為了經營畜牧業而砍伐森林。這些似乎都理所當然，只是，三百年之後，大自然很可能因為人類的行為而痛苦喘息，這是地球自然資源嚴重消耗的危機。

另類環境危機

上述事實所凸顯的證據，使得某些地質學者認為，我們將要進入另一個地質時代。冰河時代約在一萬年前結束，之後的時代稱為「全新世」，即將來臨的地質時代則被某些學者稱為「人類世」。這是因為人類在地質系統與自然系統中的活動，就是造成地球進入新地質時代的原因，包含海洋酸化、新型沉積物、地球表面的侵蝕與腐蝕，以及數千種自然動植物種的滅絕。科學家認為危機就在眼前，我們與未來的子孫必須從根本做起，採取重要措施，才可能避免釀成災難。

一個環境危機可能就讓你無法承受了，但我相信還有另一個危機存在，其急迫性，影響之深遠，都與自然世界一樣。這不是自然資源的危機，而是「人類資源」的危機，我視之為另類環境危機。

在西方世界，主流的世界觀並非以「協同」與「聯繫」的概念為出發點，而是在事物之間做出區分、找出差異。因此我們把蝴蝶和甲蟲分別釘在不同的框盒裡，並在學校裡設計分門別類的科目。

西方思想大多假設心智與身體是分開的系統，就某方面而言，也認為人類獨立於大自然之外。或許就是因為這個想法，很多人沒有意識到，身體吸收的物質將影響身體的功能，以及我們的思考與感覺。而人類加諸在環境、從環境中取走的物質，以及自然環境的品質，也都會影響人類的生活品質。

因為營養攝取或飲食失調等自身行為所造成的病痛，成為人類的危機之一。此外，還有更多的危機，例如，不知多少現代人都必須仰賴處方藥劑，控制憂鬱症等情緒失調的病症，才能繼續活下去。製藥公司的利潤不斷攀高，其消費客群的精神狀況卻不斷探底。此外，我們對非處方藥物與酒精飲品的依賴也不斷增加，尤其是年輕人。自殺率也有同樣的趨勢，全球每年自殺致死的人數，已經超過戰爭犧牲者的總和。世界衛生組織的數據顯示，自殺已成為十五歲到三十歲年齡層的第三大死因。

對個人而言既是如此，人類社群也無可倖免。以我居住的加州為例，州政府二〇〇六年的州立大學預算是三十五億美元，州立監獄的預算則是九十九億。加州的潛在犯罪人口竟是大學畢業生的三倍，而全國也有愈來愈多人到世間走一遭，只是為了進入牢籠。這些都令人感到難以置信！不論在加州或其他地方，我都不相信有這麼多生性兇惡的人。從我的經驗看來，多數人都有善良本性，也都希望過著有目標、有意義的生活。但是，許多人的生活情況惡劣，因而榨乾了原有的希望與意志，有些情況甚至還在不斷惡化中。

工業革命剛開始的年代，地球上並沒有這麼多人。一七五〇年的全球人口是十億，也就是說，整個人類進化史到那時為止，就只發展到十億人口。十億當然是個大數目，我們先前的討論也曾指出地球的渺小，但要讓這十億人口各有合理的生活空間，地球還算夠大。

到了一九三〇年，人類數量變成二十億。全球人口只花了一百八十年就多出一倍，但還是有足夠的空間讓每個人平躺。接著，僅僅經過四十年，就在一九七〇年跨越三十億的門檻，時間點就在嬉皮文化蔚為風潮的「愛之夏」（Summer of Love）過後不久。我想這應該只是巧合吧！不過，在這之後才是更驚人的成長，一九九九開年之際，你已經與六十億人分享地球，人類數量在三十年內倍增。依照目前的估算，全球人口在二十一世紀中期就會達到九十億。

另一個環境因素是都市的增加。工業革命初期的十億人當中，只有百分之三居住在都市裡。一九〇〇年近二十億人口之中，有百分之十二居住在都市。二〇〇〇年，全球六十億人口裡，有將近一半是都市人。預計在二〇五〇年的九十億人口中，將有超過百分之六十是都市人。而在二〇二〇年，全球可能有超過五百個都市的人口高於一百萬，以及二十幾個人口高於兩千萬的超級大都市。大東京地區目前的人口已經高達三千五百萬，多於加拿大總人口；而加拿大面積卻是大東京地區的四千倍呢！

多數大型都市可能都位於所謂的已開發國家，經過良好的規畫，有大型購物商場、資訊站，人們必須繳納房地產稅。但真正的成長不是出現在這些地區，而是所謂的開發中世界，包含部分亞洲、南美洲、中東，以及非洲。中快速發展的都市很可能充斥著貧民窟、衛生條件惡劣的違章建築，都市基礎建設也付之闕如，遑論社會福利系統。全球人口數量與密度的巨幅成長，已經形成嚴峻挑戰，我們必須以迫切的態度因應自然資源的危機，也必須以同樣的態度因應人類資源的危機，並從新的角度思考這兩者之間的關係。上述所有問題都需要我們提出新的思考方式，用新的比喻方式去了解人類社群，及其興盛或衰退的因素。

過去三百多年來，象徵西方思想的意象，大都被工業主義與科學方法所主導。**現在該是我們改變思考模式的時候了，我們必須超越線性、機械性的比喻方式，進而以有機體的生命模式為思考基礎，從這個角度去理解人類的成長與發展。**

例如，動植物等活生生的有機體，其生命模式既複雜又充滿活力，體內的各個系統相互影響、彼此依存，才能維繫整個有機體的生命。我們居住與生活的環境也是如此，多數生物都是在特定環境下才能繁衍，生物與環境之間也經常存在著特殊的關係。健康、茂盛的植物從環境中汲取所需要的養分，同時，植物的存在也有助於保護它們賴以生存的環境。當然也有某些例外，例如，生長快速的雜交柏（Leyland cypresses）似乎所到之處便占地為王，不過你應該了解我想說的道理，而這個道理也同樣適用於所有的生物、動物，包含人類。

農夫仰賴作物維持生計，但農夫無法強迫作物成長，他們不能給植物接上根、黏上花瓣，或給水果擦上顏色。植物自行生長，農夫或園丁只是提供其生長的條件。好農夫懂得該提供哪些條件，壞農夫則否。人類的生存發展有賴於眾多因素的共同作用，我們必須了解這些因素，才能維繫人類文化的永續發展，同樣的，我們也必須了解自然世界的生態系統，畢竟這是我們賴以生存的環境。

人類共同的生命

距離我居住的洛杉磯約幾百哩之外的死谷（Death Valley），是地球上最熱、最乾燥的地區之一。因為實在長不出什麼東西，故稱為死谷；主要原因是降雨量極少，平均一年兩吋。然而在二〇〇四跨二〇〇五年的冬天，卻出現數百年來不曾有過的驚人發展，超過七吋的降雨量落入死谷。接著，在二〇〇五年春天，更驚人的事情發生了，春天的花朵開遍了死谷。攝影師、植物學家、觀光客從美國各地湧入，希望親眼見證這神奇的景象，避免此生再也沒有機會看到。死谷活了起來，充滿清新、活潑的生命力。等到春天結束，花兒逐一枯萎，再度隱匿在炎熱的沙漠之下，等待下一次的甘霖，不論那是多久以後。

這個故事證明了死谷並非已經死去，只是在沉睡中，等待著讓它展現生命的機會，當機會來臨之際，生命將再回到死谷。

人類本身和人類社群也一樣，需要適當的成長條件，不論學校業界、社區、個人生命都是如此。只要條件適當，人與人之間、人與環境之間，都能一同成長。**如果面對惡劣的條件，那麼人們在自保的焦慮之下，便與他人或世界都保持距離。我們的體內其實已經存在著成長的元素，所以必須設法發現並培養自己獨特的資質與心中的熱情，這才是確保個人成長與成功的最佳途徑。**

如果我們能發現自己的天命，並鼓勵他人發現他們的天命，人類的發展就有無限生機。若做不到這一點，生命當然也可以繼續，只是失色許多。雖然我目前居住在美國西岸的加州，卻非因此才提出這個理論；即便我當初住在英國，每年十二月忍受著令人沮喪的溼冷天氣之際，我的想法也一樣。這不是新的理論，古代的先人就知道，人類的生命必須均衡、滿足；眾人的生命或願望需要彼此相互協調。只是當代的生存環境很容易讓我們忽視這個道理。

自然環境危機與人類資源危機，兩者密不可分。沙克（Jonas Salk）是發明小兒麻痺疫苗的科學先驅，我在一九五〇年代曾罹患小兒麻痺，對沙克生命中的熱情自然十分感興趣。沙克在晚年曾經提出一項聳動的觀察，正是關於上述兩種危機。他說：「如果地球上所有昆蟲全部消失，那麼在五十年之內，其他生物也將隨之滅絕。」他與卡森一樣，強調我們努力試圖消滅的昆蟲，其實是地球生物網絡的重要生命線。沙克繼續說：「但是，如果人類從地球上消失，在接下來的五十年內，其他所有生物將會蓬勃發展。這不是很有意思嗎？」

他的重點是——人類已經變成問題的根源。人類因為非凡的想像力，締造了影響深遠的成就，也將我們從洞穴帶到城市，從沼澤帶到月球。如今，人類想像力可能反而帶來危機，我們已經走得很遠，但仍不夠遠。不論身為個體，或身為一個物種，我們的思想方式依然太狹隘、太短淺，也太忽視自己的行為可能產生的後果。全體人類共同生活在這個又小又擠的星球上，**為了善加利用人類共同的生命，我們必須在不同的人生意義之下，積極努力開發自己的想像力與創造力。**米開朗基羅曾說：「多數人面對的最大風險，並非目標過於遠大而遙不可及，而是把目標定得太低，因而伸手可及。」為了眾人的未來，我們必須訂定遠大的目標，並且決心一定要成功。

為此，不論是個人，或是全體人類，都必須找到天命。

謝辭

頒發「特殊服務獎」

有人說，養育一個孩子，需要整個村莊的同心協力。
那麼，孕育這本書大概需要一個都市了。

有人說，養育一個孩子，需要整個村莊的同心協力。那麼，孕育這本書大概需要一個都市了。這時候我得說我無法向每個人一一致謝，這的確做不到，但仍必須特別感謝某些人，讓我頒給他們「特殊服務獎」。

我要感謝的第一個人、也是最重要的人，就是內人泰芮，她同時也是我的好搭檔。沒有她，就沒有各位手中捧著的這本書。本書的源起是我數年前在會議中的即興發言，我說了吉莉安．林恩（Gillian Lynne）的故事，這也是本書第一章的開端。接著隨口說，我以後要用這些故事為主題寫書。從那時起，我才學會別在泰芮面前誇此海口。她問我打算什麼時候寫，我說：「很快，肯定很快。」幾個月之後，她決定親自下海寫企畫書、研究概念、進行初步訪談，然後找了著作經紀人米勒（Peter Miller）幫忙為此書催生。有了如此穩固的基礎，再加上遁逃路線也被堵死，我終於履行承諾，著手寫書。

在此感謝米勒鼎力相助，尤其是促成亞若尼卡（Lou Aronica）與我合作。我經常四處奔波，幾乎有點過頭了，而撰寫這樣一本書卻需要時間、精力，還有團隊合作。亞若尼卡是非常理想的合作伙伴，不僅認真專業，更有智慧、見識、創意，以及耐心。撰書過程中，他就像穩重的核心，讓我飛奔全球之際，也將筆記、草稿、修訂稿從各地機場、飯店傳到他手上。雖然英語與美語之間經常造成滑稽的衝突，我們也成功找到中庸之道。謝謝你，亞若尼卡。

我兒子詹姆斯耗盡了身為學生最後一次的寶貴暑假，幫我研讀檔案、期刊、網站等資料，查證事件、日期、論點，然後跟我辯論書中的每個論點，直到我筋疲力盡為止。愛倫（Nancy Allen）在逐漸沉重的截稿壓力之下，連續數個月進行研究調查。我女兒凱特也與依格（Nick Egan）彼此結合創意，架設匠心獨具的網站，介紹其他正在進行中的專案。我的助理漢娜（Andrea Hanna）也不辭辛勞幫忙協調撰書所需的每個環節，如果沒有她，大家應該都累趴了吧！

書稿逐漸成形之際，出版商也貢獻了他們的智慧與創意，維京企鵝出版公司的寇特（Kathryn Court）女士施展了「慈悲的要脅」，終能確保此書以堪稱像樣的時效完工。

最後，我要感謝書中所有的故事主角，他們的故事啟發了此書。在忙碌無比的生活中，他們願意耗費寶貴時間，隨興卻充滿熱情地分享經驗與理念，成就了此書的命脈。還有許多人也寫信或電子郵件，告訴我動人的故事。這些人的故事一再指出，書中的議題確實探及人類生命的核心。我衷心感謝他們。

當然，本書的優點都源自於他人的貢獻，若有瑕疵，必定是我一人的責任。這個說法似乎有些制式，對我自己也有點嚴苛，但我確實認為如此。

附注

【第一章】 找出天賦與熱情

GILLIAN LYNNE: All material in this segment came from an original interview for this book.

MATT GROENING: All material in this segment came from an original interview for this book.

PAUL SAMUELSON: Paul Samuelson, "How I Became an Economist," http://nobelprize.org/nobel_prizes/economics/articles/samuelson-2/index.html.

【第二章】 一定有屬於你的才華

MICK FLEETWOOD: All material in this segment came from an original interview for this book.

SENSES: Kathryn Linn Geurts, *Culture and the Senses: Bodily Ways of Knowing in an African Community* (Berkely and Los Angeles: University of California Press, 2003).

Andrew Cook, "Exploding the Five Senses," http://www.hummingbirdone.co.uk/humanbeing/five.html.

BART CONNER: All material in this segment came from an original interview for this book.

IQ, SAT, AND EUGENICS: Jan Strydom and Susan du Plessis, "IQ Test: Where Does It Come From and What Does It Measure?" http://www.audiblox2000.com/dyslexia_dyslexic/dyslexia014.htm.

"Timing of IQ Test Can Be a Life or Death Matter," *Science Daily Magazine*, December 6, 2003.

"The Future of the SAT," http://chronicle.com/colloquylive/2001/10/SAT/.

Alan Stoskepf, "The Forgotten History of Eugenics," http://www.rethinkingschools.org/archive/13_03/eugenic.shtml.

ALEXIS LEMAIRE: http://www.news.com.au/story/0,23599,2276835613762,00.html.

GORDON PARKS: Andy Grundberg, "Gordon Parks, a Master of the Camera, Dies at 93," *New York Times*, March 8, 2006.

Corey Kilgannon, "By Gordon Parks, A View of Himself and, Yes, Pictures," *New York Times*, July 7, 2002.

http://www.pbs.org/newshour/bb/entertainment/jan-june98/gordon_1-6.html.

http://www.aaa.si.edu/collections/oralhistories/transcripts/parks64.htm.

R. BUCKMINSTER FULLER: http://www.designmuseum.org/design/r-buckminster-fuller.

ALBERT EINSTEIN: Walter Isaacson, *Einstein: His Life and Universe* (New York: Simon & Schuster, 2007).

【第三章】 誰都能飛

FAITH RINGGOLD: The majority of the material in this segment came from an interview conducted by the author. Additional details came from http://www.faithringgold.com/ringgold/bio.htm.

BERTRAND RUSSELL: *Bertrand Russell, A History of Western Philosophy, and Its Connection with Political and Social Circumstances from the Earliest Times to the Present Day* (New York: Simon & Schuster, 1945)

PLANETARY PHOTOS: Graphics by Pompei AD, New York.

THE TRAVELING WILBURYS: Original interview with John Beug, senior executive, Warner Music Group.

http://www.travelingwilburys.com/theband.html.

http://www.headbutler.com/music/traveling_wilburys.asp.

RICHARD FEYNMAN: Richard Phillips Feynman and Christopher Sykes, *No Ordinary Genius: The Illustrated Richard Feynman* (New York: W. W.

Norton, 1994).

RIDLEY SCOTT: All material in this segment came from an original interview for this book.

PAUL MCCARTNEY: All material in this segment came from an original interview for this book.

【第四章】 忘我的境界

EWA LAURANCE: All material in this segment came from an original interview for this book.

AARON SORKIN: All material in this segment came from an original interview for this book.

ERIC CLAPTON: http://www.moretotheblues.com/lapton_sessions.shtml.

JOCHEN RINDT: http://www.evenflow.co.uk/mental.htm.

WILBUR WRIGHT: http://www.pilotpsy.com/flights/11.html.

MONICA SELES: M. Krug, personal interview of Monica Seles, 1999.

FLOW: Mihaly Csikszentmihalyi, *Flow: The Psychology of Optimal Experience* (New York: HarperCollins, 1990).

BLACK ICE: Simóne Banks, "Black Ice," *Scheme*, February 4, 2007.

http://www.musicremedy.com/b/Black_Ice/album/The_Death_of_Willie_Lynch-3238.html.

MIND MAPPING: http://www.imindmap.com/.

THE MYERS-BRIGGS TYPE INDICATOR: David J. Pittenger, "Measuring the MBTI ... and Coming Up Short," Journal of Career Planning & Placement, Fall 1993.

http://www.juliand.com/psychological_type.html.

http://www.teamtechnology.co.uk/tt/t-articl/mb-simpl.htm.

HERMANN BRAIN DOMINANCE INSTRUMENT: http://www.juliand.com/thinking_style.html.

TERENCE TAO: http://blog.oup.com/2006/09/interview_with_/.

http://www.college.ucla.edu/news/05/terencetaomath.html.

【第五章】 尋找讓你看見自己的伙伴

MEG RYAN: All material in this segment came from an original interview for this book.

DON LIPSKI: All material in this segment came from an original interview for this book.

HELEN PILCHER: Helen Pilcher, "A Funny Thing Happened on the Way to the Lab," *Science*, December 6, 2002.

BRIAN RAY: All material in this segment came from an original interview for this book.

DEBBIE ALLEN: All material in this segment came from an original interview for this book.

MICHAEL POLANYI: Michael Polanyi, "The Republic of Science: Its Political and Economic Theory," in *Knowing and Being* (Chicago: University of Chicago Press, 1969).

BOB DYLAN: Bob Dylan, *Chronicles, Vol. 1* (New York: Simon & Schuster, 2004).

RANDALL COLLINS: Randall Collins, *The Sociology of Philosophies: A Global Theory of Intellectual Change* (Cambridge, Mass.: Belknap Press, 1998).

DOROTHY LEONARD AND WALTER SWAP: Dorothy Leonard and Walter Swap, "Gurus in the Garage," *Harvard Business Review*, November-December 2000.

GREAT GROUPS: Warren G. Bennis and Patricia Ward Biederman, *Organizing Genius: The Secrets of Creative Collaboration* (New York: Perseus Books, 1997).

KIND OF BLUE: Bill Evans, liner notes to *Kind of Blue* by Miles Davis, Columbia Records, 1959.

ABRAHAM LINCOLN: Doris Kearns Goodwin, *Team of Rivals: The Political Genius of Abraham Lincoln* (New York: Simon & Schuster, 2005).

ROBERT CIALDINI: Dr. Alan Eshleman, "BIRGing, CORFing and Blasting," *San Francisco Chronicle*, November 20, 2002.

FAN BEHAVIOR: http://www.tcw.utwente.nl/theorieenoverzicht/Theory%20 clusters/Interpersonal%20Communication%20and%20Relations/Social_Identity_Theory.doc/.
http://www.units.muohio.edu/psybersite/fans/sit.shtml.
HOWARD COSELL: Howard Cosell, *Cosell* (Chicago: Playboy Press, 1973).
Howard Cosell, *I Never Played the Game* (New York: William Morrow, 1985).
BILLY CONNOLLY: Pamela Stephenson, *Billy* (New York: HarperCollins, 2001).

【第六章】 你願意付出多少代價？

CHUCK CLOSE: Jon Marmor, "Close Call," *Columns: The University of Washington Alumni Magazine*, June 1997.
http://www.aaa.si.edu/collections/oralhistories/transcripts/close87.htm.
CANDOCO DANCE COMPANY: Malcolm Tay, "In the Company of Able(D) Dancers," *Flying Inkpot*, October 2, 2000.
PAULO COELHO: Paulo Coelho, op-ed, *Indian Express*, February 7, 2006.
http://www.worldmind.com/Cannon/Culture/Interviews/coelho.html.
ARIANNA HUFFINGTON: All material in this segment came from an original interview for this book.
GROUPTHINK: Judith Rich Harris, *The Nurture Assumption: Why Children Turn Out the Way They Do* (New York: Free Press, 1998).
Vanessa Grigoriadis, "Smooth Operator," *New York*, January 17, 2005.
Solomon Asch, "Opinions and Social Pressure," *Scientific American*, 1955.
Jerry B. Harvey, *The Abilene Paradox and Other Meditations on Management* (Lexington, Mass.: Lexington Books, 1988).
ZAHA HADID: http://www.designmuseum.org/design/zaha-hadid.

【第七章】 幸運來自你的態度

JOHN WILSON: John Coles, *Blindness and the Visionary: The Life and Work*

of John Wilson (London: Giles de la Mare, 2006).
Obituary, *Independent* (London), December 3, 1999.
Obituary, *New York Times*, December 7, 1999.
RICHARD WISEMAN: Richard Wiseman, *The Luck Factor* (New York: Miramax, 2003).
VIDAL SASSOON: All material in this segment came from an original interview for this book.
BRAD ZDANIVSKY: Pieta Woolley, "Hell on Wheels," Straight.com, July 7, 2005.
http://www.ctv.ca/servlet/ArticleNews/story/CTVNews/1123261552811_118670752/?hub=Canada.

【第八章】 辨認生命中的良師

WARREN BUFFETT: Roger Lowenstein, *Buffett: The Making of an American Capitalist* (New York: Random House, 1995).
RAY CHARLES: Harvard Mentoring Project, Harvard School of Public Health, http://www.whomentoredyou.org.
MARIAN WRIGHT EDELMAN: Matilda Raffa Cuomo, *The Person Who Changed My Life* (New York: Barnes & Noble, 2002).
PUBLIC/PRIVATE VENTURES: http://www.ppv.org/ppv/publications/assets/219_publication.pdf.
JACKIE ROBINSON: http://www.mentors.ca/Story13.pdf.
PAUL MCCARTNEY: All material in this segment came from an original interview for this book.
JAMES EARL JONES: Matilda Raffa Cuomo, *The Person Who Changed My Life* (New York: Barnes & Noble, 2002).
DAVID NEILS: http://www.telementor.org/aboutus.cfm.

【第九章】 人生永遠不嫌遲

SUSAN JEFFERS: All material in this segment came from an original interview for this book.

HARRIET DOERR: Yvonne Daley, "Late Bloomer," *Stanford Magazine*, 1997.

PAUL POTTS: http://www.paulpottsuk.com.

JULIA CHILD AND MAGGIE KUHN: Lydia Bronte, "What Longevity Means to Your Career," *Five O'Clock Club News*, July 2001, http://www.fiveoclockclub.com/articles1_index.shtml#2001.

RIDLEY SCOTT: All material in this segment came from an original interview for this book.

DR. HENRY LODGE: Chris Crowley and Harry S. Lodge, M.D., *Younger Than Next Year: Live Strong, Fit, and Sexy–Until You're 80 and Beyond* (New York: Workman, 2005).

http://www.theupexperience.com/speakers.html.

DR. SUSAN GREENFIELD: Susan Greenfield, *The Human Brain: A Guided Tour* (London: Weidenfeld and Nicolson, 1997).

GRACE LIVING CENTER: Marti Attoun, "School of a Lifetime," American Profile.com, December 1, 2002.

SOPHIA LOREN: http://www.sophialoren.com/about/by.htm.

【第十章】　當興趣不能餬口時

GABRIEL TROP: All material in this segment came from an original interview for this book.

"THE PRO-AM REVOLUTION": Charles Leadbeater and Paul Miller, "The Pro-Am Revolution: How Enthusiasts are Changing Our Economy and Society," www.demos.co.uk, 2004.

ARTHUR C. CLARKE: http://www.pbs.org/wgbh/nova/orchid/amateurs.html#fea_top.

http://lakdiva.org/clarke/1945ww/.

SUSAN HENDRICKSON: http://www.geocities.com/stegob/susanhendrickson.html.

http://www.pbs.org/wgbh/nova/orchid/amateurs.html#fea_top.

"TIFF" WOOD: David Halberstam, *The Amateurs: The Story of Four Young Men and Their Quest for an Olympic Gold Medal* (New York: Ballantine Books, 1985).

A LEG TO STAND ON: Burt Helm, "Hedge Funders Band Together for Charity," *Business Week*, October 20, 2006.

KHALED HOSSEINI: http://www.bloomsbury.com/Authors/microsite.asp?id=480&section=1&aid=1873.
http://www.bookbrowse.com/biographies/index.cfm?author_number=900.

MILES WATERS: http://www.nature.com/bdj/journal/v201/n1/full/4813815a.html.

JOHN WOOD: Bob Cooper, "Rich in Books," *San Francisco Chronicle*, September 26, 2004.
http://www.roomtoread.org/media/press/2007_09_27_cgi.html.

SUZANNE PETERSON: All material in this segment came from an original interview for this book.

MICHAEL FORDYCE: http://gethappy.net/v202.htm.

【第十一章】 學校的好成績不等於人生的好成績

RICHARD BRANSON: All material in this segment came from an original interview for this book.

PAUL MCCARTNEY: All material in this segment came from an original interview for this book.

"THIS LOOKED-DOWN-UPON THING": Courtesy of Takeshi Haoriguchi.

UNEMPLOYMENT RATES FOR COLLEGE GRADUATES: http://www.epi.org/content.cfm/webfeatures_snapshots_archive_03172004.

COLLEGE-LEVEL JOB OPENINGS IN THE UK: http://newsvote.bbc.co.uk/mpapps/pagetools/print/news.bbc.co.uk/2/hi/business/3068443.stm.

EARNINGS OF COLLEGE GRADUATES: http://www.usatoday.com/news/nation/census/2002-07-18-degree-dollars.htm.

GRADUATION RATES AROUND THE WORLD: http://www.economist.com/PrinterFriendly.cfm?story_id=9823950.

CRAM SCHOOLS: Sheryl WuDunn, "In Japan, Even Toddlers Feel the Pressure to Excel," *New York Times*, January 23, 1996.

THE TESTING INDUSTRY: Barbara Miner, "Keeping Public Schools Public," *Rethinking Schools*, Winter 2004-5.

PAUL MCCARTNEY: All material in this segment came from an original interview for this book.

REGGIO SCHOOLS: Carolyn Edwards, Lella Gandini, and George Forman, *The Hundred Languages of Children: The Reggio Emilia Approach Advanced Reflections* (Greenwich, Conn.: Ablex, 1998).

LORIS MALAGUZZI: Loris Malaguzzi, "Invece il cento c'e," translated by Lella Gandini.

http://www.brainy-child.com/article/reggioemilia.html.

http://www.reggioalliance.org/schools/index.html.

GRANGETON: Portions of this segment came from an original interview for this book.

http://www.tes.co.uk/search/story/?story_id=2043774.

http://www.teachernet.gov.uk/casestudies/casestudy.cfm?id=344.

OKLAHOMA A+ SCHOOLS: Nicole Ashby, "Arts Integration at Oklahoma School Provides Multiple Paths for Learning," *Achiever*, June 1, 2007.

http://www.aplusok.org/.

國家圖書館出版品預行編目（CIP）資料

讓天賦自由／肯・羅賓森（Ken Robinson）、
盧・亞若尼卡（Lou Aronica）著；謝凱蒂譯.
-- 第三版. -- 臺北市：遠見天下文化，2018.06
面；　公分. --（心理勵志；BBP433）
譯自：The element: how finding your passion
changes everything
ISBN 978-986-479-500-0（平裝）

1. 創造力　2. 自我實現

176.4　　107009866

心理勵志 BBP433A

讓天賦自由

作者 — 肯・羅賓森（Ken Robinson）、盧・亞若尼卡（Lou Aronica）
譯者 — 謝凱蒂

總編輯 — 吳佩穎
責任編輯 — 沈維君、周思芸；張怡沁
美術設計 — 張議文
內文照片提供 — P87 ～ 91：NASA/JPL-Caltech；P92：NASA, ESA, and the Hubble Heritage Team (STScl/AURA)-ESA/Hubble Collaboration. Acknowledgment: D. Gouliermis (Max Planck Institute for Astronomy, Heidelberg)

出版者 — 遠見天下文化出版股份有限公司
創辦人 — 高希均、王力行
遠見・天下文化 事業群榮譽董事長 — 高希均
遠見・天下文化 事業群董事長 — 王力行
天下文化社長 — 林天來
國際事務開發部兼版權中心總監 — 潘欣
法律顧問 — 理律法律事務所陳長文律師
著作權顧問 — 魏啟翔律師
地址 — 台北市 104 松江路 93 巷 1 號

讀者服務專線 — (02) 2662-0012 ｜傳真 — (02) 2662-0007；(02) 2662-0009
電子郵件信箱 — cwpc@cwgv.com.tw
直接郵撥帳號 — 1326703-6 號　遠見天下文化出版股份有限公司

內頁排版 — 張靜怡
製版廠 — 東豪印刷事業有限公司
印刷廠 — 柏皓彩色印刷有限公司
裝訂廠 — 台興印刷裝訂股份有限公司
登記證 — 局版台業字第 2517 號
總經銷 — 大和書報圖書股份有限公司｜電話 — (02) 8990-2588
出版日期 — 2009 年 6 月 26 日第一版第 1 次印行
2024 年 1 月 26 日第四版第 3 次印行

定價 — 450 元
ISBN — 4713510943137
書號 — BBP433A
天下文化官網 — bookzone.cwgv.com.tw

天下文化

BELIEVE IN READING